小学 4 年生

社会に ぐーんと強くなる

学習指導要領対応

JN050567

※この本でとりあげている内容には，学校によって学習しないものもふくまれています。
教科書との対応は，「教科書との内容対照表」をさんこうにしてください。

【写真，資料提供】（順不同，敬称略）

悠工房／水産航空／共同通信社／千葉県HP／神戸市／国土交通省　九州地方整備局／朝日新聞社／アマナイメージズ／京都市学校歴史資料館／医聖華岡青洲顕彰会／紀の川市教育委員会／小泉八雲記念館／JF佐賀有明海／清水寺／PIXTA／国土地理院／川崎市／© OCVB／公益財団法人 古紙再生促進センター／公益財団法人 日本環境協会

1

答え➡別冊解答 1 ページ

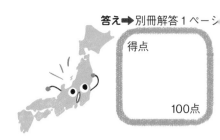

得点

100点

日本のようす①

おぼえよう　都道府県の名前と場所

都道府県をおぼえる

● 47都道府県…日本には，47の都道府県がある。

➡都（東京**都**），
→首都の意味

　道（北海**道**），
→日本の古い時代のよび方

　府（大阪**府**・京都**府**），
→中心地や中心という意味

　県（43の県）
→中国の昔のよび方

● 自分の住んでいる都道府県の場所を調べる。

都道府県をくらべる

▼都道府県の面積

大きさベスト5 (km²)	
① 北海道	83,424
② 岩手県	15,275
③ 福島県	13,784
④ 長野県	13,562
⑤ 新潟県	12,584

小ささベスト5 (km²)	
① 香川県	1,877
② 大阪府	1,905
③ 東京都	2,194
④ 沖縄県	2,281
⑤ 神奈川県	2,416

(2019/20年版「日本国勢図会」)

① 北海道
② 青森県
③ 岩手県
④ 秋田県
⑤ 宮城県
⑥ 山形県
⑦ 福島県
⑧ 茨城県
⑨ 栃木県
⑩ 群馬県
⑪ 千葉県
⑫ 埼玉県
⑬ 東京都
⑭ 神奈川県
⑮ 新潟県
⑯ 長野県
⑰ 富山県
⑱ 石川県
⑲ 福井県
⑳ 岐阜県
㉑ 山梨県
㉒ 静岡県
㉓ 愛知県
㉔ 滋賀県
㉕ 三重県
㉖ 京都府
㉗ 奈良県
㉘ 大阪府
㉙ 和歌山県
㉚ 兵庫県
㉛ 鳥取県
㉜ 島根県
㉝ 岡山県
㉞ 広島県
㉟ 山口県
㊱ 香川県
㊲ 徳島県
㊳ 愛媛県
㊴ 高知県
㊵ 福岡県
㊶ 大分県
㊷ 佐賀県
㊸ 長崎県
㊹ 熊本県
㊺ 宮崎県
㊻ 鹿児島県
㊼ 沖縄県

0　100　200km

---

1 次の問題の答えを，（ ）に書きましょう。

（1つ5点）

(1) 日本には，全部でいくつの都道府県がありますか。　（　　　　　）

(2) 都道府県のうち，面積が最も小さいところはどこですか。

（　　　　　）

(3) 都道府県のうち，都，道と，2つの府の名前を書きましょう。

（　　　　　都）（　　　　　道）

（　　　　　府）（　　　　　府）

② 右の地図の㋐～㋗の県名を、 ◯◯◯ から選んで書きましょう。

（1つ5点）

㋐（　　　　　）

㋑（　　　　　）

㋒（　　　　　）

㋓（　　　　　）

㋔（　　　　　）

㋕（　　　　　）

㋖（　　　　　）

㋗（　　　　　）

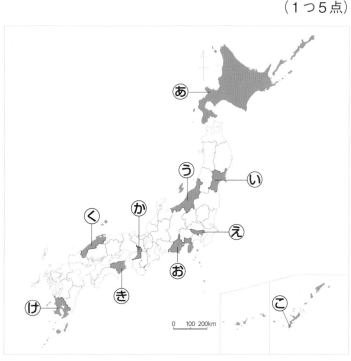

奈良県	秋田県	新潟県	兵庫県	石川県	長野県	福岡県
愛知県	広島県	高知県	静岡県	群馬県	埼玉県	岡山県

③ 次の①～⑥の都道府県にあてはまるものを、右の地図中から選んで、その記号を書きましょう。

（1つ5点）

①北海道（　　　　　）

②大阪府（　　　　　）

③宮城県（　　　　　）

④沖縄県（　　　　　）

⑤東京都（　　　　　）

⑥新潟県（　　　　　）

2 日本のようす②

答え➡別冊解答1ページ

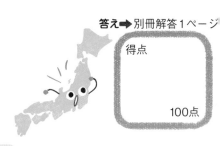

得点

100点

おぼえよう　都道府県名　位置と読み書き練習(1)

都道府県名を読んでみましょう。

● 北海道地方

| 北 海 道 |

● 東北地方

| 青 森 県 |

| 秋 田 県 |

| 岩 手 県 |

| 山 形 県 |

| 宮 城 県 |

| 福 島 県 |

● 関東地方

| 茨 城 県 |

| 栃 木 県 |

| 群 馬 県 |

| 千 葉 県 |

| 埼 玉 県 |

| 東 京 都 |

| 神 奈 川 県 |

都道府県の形と場所をたしかめましょう。

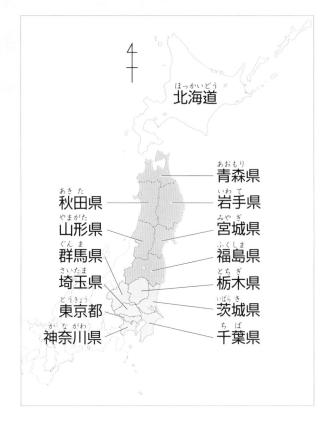

北海道

青森県
秋田県
山形県
群馬県
埼玉県
東京都
神奈川県
岩手県
宮城県
福島県
栃木県
茨城県
千葉県

1 次の都道府県の読み方を書きましょう。また, 答えた場所を好きな色でぬりましょう。

（1つ3点, 地図6点）

① 北海道 （　　　　　）

② 茨城県 （　　　　　）

③ 群馬県 （　　　　　）

④ 埼玉県 （　　　　　）

⑤ 栃木県 （　　　　　）

⑥ 神奈川県 （　　　　　）

2 次の都道府県名を漢字に直しましょう。また，その都道府県にあてはまる位置を，地図中のあ～かから選び，記号で答えましょう。 （1つ3点）

(1) かながわけん （　　　　　　　　）

記号 （　　　　）

(2) あおもりけん （　　　　　　　　）

記号 （　　　　）

(3) いばらきけん （　　　　　　　　）

記号 （　　　　）

(4) みやぎけん （　　　　　　　　）

記号 （　　　　）

(5) とうきょうと （　　　　　　　　）

記号 （　　　　）

(6) さいたまけん （　　　　　　　　）

記号 （　　　　）

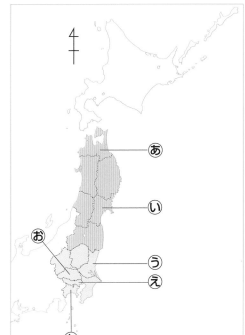

3 右の地図について，次の問題に答えましょう。 （1つ4点）

(1) ①のすぐ南にある県を漢字で書きましょう。

（　　　　　　　　　　　　　　県）

(2) ②～⑧の県名を，漢字で書きましょう。

② （　　　　　　　　県）
③ （　　　　　　　　県）
④ （　　　　　　　　県）
⑤ （　　　　　　　　県）
⑥ （　　　　　　　　県）
⑦ （　　　　　　　　県）
⑧ （　　　　　　　　県）

(3) ⑤の県の北側でせっしている県を2つ，漢字で書きましょう。

（　　　　　　　　県）
（　　　　　　　　県）

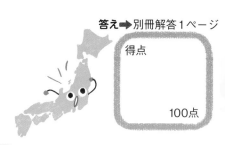

答え➡別冊解答1ページ

得点

100点

3 日本のようす③

おぼえよう　都道府県名　位置と読み書き練習(2)

都道府県名を読んでみましょう。

● 近畿地方

滋賀県	
三重県	
京都府	
奈良県	
大阪府	
和歌山県	
兵庫県	
愛知県	

● 中部地方

新潟県	
長野県	
富山県	
石川県	
福井県	
岐阜県	
山梨県	
静岡県	

都道府県の形と場所をたしかめましょう。

1　次の都道府県の読み方を書きましょう。また，答えた場所を好きな色でぬりましょう。

（1つ3点，地図7点）

① 福井県　（　　　　　　　）

② 富山県　（　　　　　　　）

③ 岐阜県　（　　　　　　　）

④ 山梨県　（　　　　　　　）

⑤ 滋賀県　（　　　　　　　）

2 次の都道府県名を漢字に直しましょう。また，その都道府県にあてはまる位置を，地図中の⑥～⑩から選び記号で答えましょう。 （1つ4点）

(1) にいがたけん （　　　　　）
　　　　　　　記号 （　　　　　）

(2) ながのけん　 （　　　　　）
　　　　　　　記号 （　　　　　）

(3) やまなしけん （　　　　　）
　　　　　　　記号 （　　　　　）

(4) ぎふけん　　 （　　　　　）
　　　　　　　記号 （　　　　　）

(5) いしかわけん （　　　　　）
　　　　　　　記号 （　　　　　）

(6) わかやまけん （　　　　　）
　　　　　　　記号 （　　　　　）

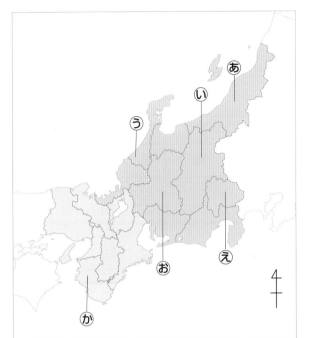

3 右の地図について，次の問題に答えましょう。 （1つ3点）

(1) ①～⑧の都道府県名を，漢字で書きましょう。

① （　　　　　県）
② （　　　　　県）
③ （　　　　　県）
④ （　　　　　県）
⑤ （　　　　　県）
⑥ （　　　　　府）
⑦ （　　　　　県）
⑧ （　　　　　府）

(2) ⑤の県の東側にせっしている県の名前を，漢字で書きましょう。（　　　　　県）

(3) ⑥の府の西側にあって，北と南で海に面している県の名前を，漢字で書きましょう。 （　　　　　県）

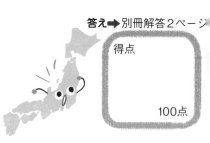

4 日本のようす④

得点

100点

おぼえよう　都道府県名　位置と読み書き練習(3)

都道府県名を読み，形と場所をたしかめましょう。

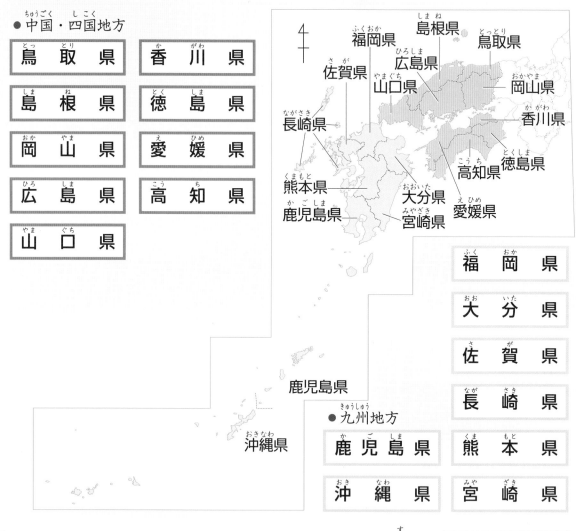

● 中国・四国地方

鳥取県	香川県
島根県	徳島県
岡山県	愛媛県
広島県	高知県
山口県	

福岡県

大分県

佐賀県

長崎県

鹿児島県　熊本県

沖縄県　宮崎県

● 九州地方

---

1 次の県の読み方を書きましょう。また，答えた場所を好きな色でぬりましょう。　（1つ5点，地図5点）

① 宮崎県　（　　　　　　　）

② 高知県　（　　　　　　　）

③ 徳島県　（　　　　　　　）

④ 大分県　（　　　　　　　）

⑤ 佐賀県　（　　　　　　　）

2 次の都道府県名を漢字に直しましょう。また, その都道府県にあてはまる位置を, 地図中の㋐〜㋑から選び, 記号で答えましょう。 （1つ4点）

(1) とくしまけん （　　　　　）
　　　　　　　　　　記号（　　　　）

(2) ひろしまけん （　　　　　）
　　　　　　　　　　記号（　　　　）

(3) さがけん　　　（　　　　　）
　　　　　　　　　　記号（　　　　）

(4) おおいたけん （　　　　　）
　　　　　　　　　　記号（　　　　）

(5) えひめけん　 （　　　　　）
　　　　　　　　　　記号（　　　　）

(6) くまもとけん （　　　　　）
　　　　　　　　　　記号（　　　　）

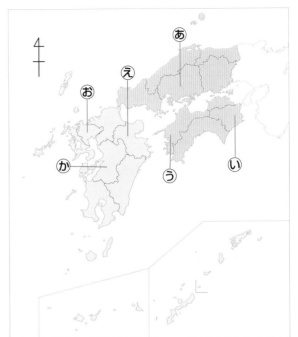

3 右の地図について, 次の問題に答えましょう。
（1つ2点）

(1) 図の①〜⑨の県名を, 漢字で書きましょう。

　　① （　　　　　県）
　　② （　　　　　県）
　　③ （　　　　　県）
　　④ （　　　　　県）
　　⑤ （　　　　　県）
　　⑥ （　　　　　県）
　　⑦ （　　　　　県）
　　⑧ （　　　　　県）
　　⑨ （　　　　　県）

(2) ①・②・③の県にはさまれている
　　県の名前を, 漢字で書きましょう。
　　　　　　（　　　　　県）

(3) 周りを海にかこまれている県を書きましょう。（　　　　　県）

答え➡別冊解答2ページ

得点

100点

5 日本のようす⑤

おぼえよう　都道府県名　位置と読み書き練習(4)

都道府県の形の特色に注意する

- 日本は海に面しており，海岸線に特色が ある都道府県が多い。

　➡海に面した部分と面していない部分に ちがいが見られる。海に面した部分には 半島やギザギザした地形，島などがある 場合が多い。

　➡都道府県の形と名前をむすびつけてお く。

- **海にかこまれた都道府県**
　➡北海道・沖縄県

- **海に面していない都道府県**
　➡埼玉県・栃木県・群馬県・山梨県
　・長野県・岐阜県・滋賀県・奈良県

- **動物の名前をふくむ県名**
　➡群馬県・鳥取県・熊本県・鹿児島県

岩手県

ギザギザした海岸線

▲海岸線が特ちょうの県

長崎県

▲島が多い県

1　次の問題に答えましょう。

（1つ5点）

(1) 47都道府県のうち，府がつくものはいくつあるでしょう。数字で答え ましょう。　　　　　　　　　　　　　　　（　　　　　　）

(2) 周りを海にかこまれた都道府県を，　　　から2つ選んで書きましょう。
（　　　　　　）（　　　　　　）

長崎県　　高知県　　沖縄県　　北海道

(3) 海に面していない県を，　　　から選んで書きましょう。
（　　　　　　）

滋賀県　　大分県　　秋田県　　山形県

2 右の地図の①〜⑧の都道府県名を，（　）に書きましょう。

（1つ5点）

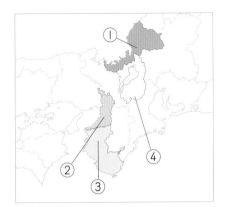 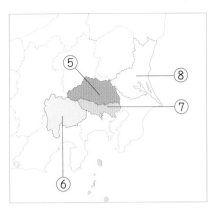

①（　　　　　　　　）②（　　　　　　　　）③（　　　　　　　　）

④（　　　　　　　　）⑤（　　　　　　　　）⑥（　　　　　　　　）

⑦（　　　　　　　　）⑧（　　　　　　　　）

3 次の問題に答えましょう。

（1つ4点）

(1)　右の①〜④の都道府県名を書きましょう。

①（　　　　　　　　）

②（　　　　　　　　）

③（　　　　　　　　）

④（　　　　　　　　）

(2)　滋賀県がとなりあう都道府県名を
4つ書きましょう。

（　　　　　　　　）

（　　　　　　　　）

（　　　　　　　　）

（　　　　　　　　）

(3)　名前に動物の名前が入っている県
名を 2つ書きましょう。

（　　　　　　　　）

（　　　　　　　　）

6 日本のようす⑥

答え➡別冊解答2ページ

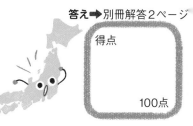

得点

100点

おぼえよう　都道府県と都・道・府・県庁の所在地(1)

北海道地方・東北地方・関東地方・中部地方

● 都・道・府・県庁所在地…都道府県の政治を行う役所がある都市。所在地は都道府県の中心都市であることが多い。

● 都道府県名と名前がちがうところ。

北海道	札幌市
岩手県	盛岡市
宮城県	仙台市
栃木県	宇都宮市
群馬県	前橋市
茨城県	水戸市
埼玉県	さいたま市
神奈川県	横浜市
山梨県	甲府市
石川県	金沢市
愛知県	名古屋市

北

北海道　札幌

青森県　青森
秋田県　秋田
岩手県　盛岡
山形県　山形
宮城県　仙台
福島県　福島
栃木県　宇都宮
群馬県　前橋
茨城県　水戸
埼玉県　さいたま
千葉県　千葉
東京都　東京(新宿区)
神奈川県　横浜
山梨県　甲府

新潟県　新潟
長野県　長野
富山県　富山
石川県　金沢
福井県　福井
岐阜県　岐阜
愛知県　名古屋
静岡県　静岡

1　次の（　）にあてはまることばを，　　　から選んで書きましょう。

（1つ3点）

(1) 市の役所は市役所といいますが，県の役所は（　　　　　）といいます。

(2) 北海道の役所の所在地は，（　　　　　）市です。

(3) 盛岡市は，（　　　　　）県の役所の所在地です。

(4) 東北地方には，県名と名前がちがう県庁所在地が（　　　）つあります。

| 都庁 | 県庁 | 那覇 | 札幌 | 岩手 | 福島 | 2 | 3 | 4 |

2 右の地図の⑦〜⑦の都道府県庁の所在地を，□から選んで書きましょう。

（1つ4点）

⑦ （　　　　　市）

④ （　　　　　市）

⑦ （　　　　　市）

⑨ （　　　　　市）

⑦ （　　　　　市）

⑰ （　　　　　市）

④ （　　　　　市）

⑨ （　　　　　市）

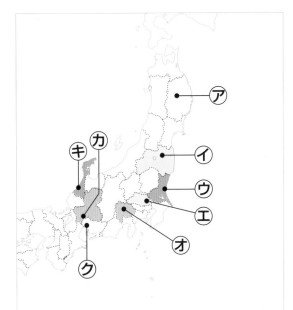

かなざわ			
金沢	福島	盛岡	さいたま
こうふ	ぎふ	みと	なごや
甲府	岐阜	水戸	名古屋

3 次の都道府県庁の所在地を書きましょう。また，その場所を地図中のあ〜きから選び，記号で答えましょう。

（1つ4点）

①群馬県　　（　　　　　市）

　　　　　　　場所（　　）

②秋田県　　（　　　　　市）

　　　　　　　場所（　　）

③神奈川県　（　　　　　市）

　　　　　　　場所（　　）

④北海道　　（　　　　　市）

　　　　　　　場所（　　）

⑤宮城県　　（　　　　　市）

　　　　　　　場所（　　）

⑥栃木県　　（　　　　　市）

　　　　　　　場所（　　）

⑦新潟県　　（　　　　　市）

　　　　　　　場所（　　）

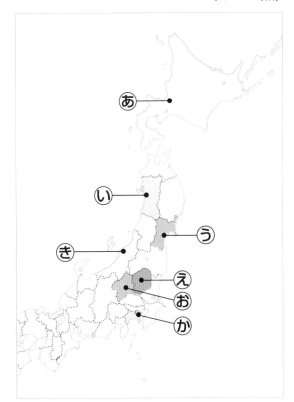

答え➡別冊解答2ページ

得点

100点

7 日本のようす⑦

おぼえよう　都道府県と都・道・府・県庁の所在地(2)

近畿地方　中国・四国地方　九州地方

● 県名と名前がちがう県庁所在地。

三重県	津市
滋賀県	大津市
兵庫県	神戸市
島根県	松江市
香川県	高松市
愛媛県	松山市
沖縄県	那覇市

● 日本には, 都道府県名と名前がちがう, 都道府県庁がある市は18ある。

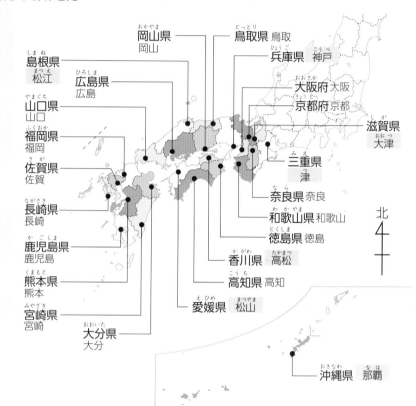

岡山県 岡山　鳥取県 鳥取
島根県 松江　兵庫県 神戸
広島県 広島　大阪府 大阪
山口県 山口　京都府 京都
福岡県 福岡　滋賀県 大津
佐賀県 佐賀　三重県 津
長崎県 長崎　奈良県 奈良
鹿児島県 鹿児島　和歌山県 和歌山
熊本県 熊本　徳島県 徳島
宮崎県 宮崎　香川県 高松
大分県 大分　高知県 高知
愛媛県 松山　沖縄県 那覇

北

1 次の図で, ①〜⑦の府県の名前と, 府県庁の所在地を書きましょう。

（1つ2点）

	府県		市	
①	(	)	(	市)
②	(	)	(	市)
③	(	)	(	市)
④	(	)	(	市)
⑤	(	)	(	市)
⑥	(	)	(	市)
⑦	(	)	(	市)

2 右の地図の⑦〜⑦の府県庁の所在地を，　　　　　から選んで書きましょう。

（1つ5点）

⑦（　　　　　　　　）
⑦（　　　　　　　　）
⑦（　　　　　　　　）
⑦（　　　　　　　　）
⑦（　　　　　　　　）
⑦（　　　　　　　　）
⑦（　　　　　　　　）
⑦（　　　　　　　　）

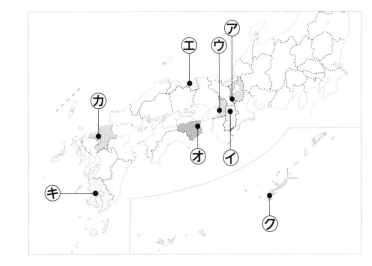

那覇市　福岡市　大津市　徳島市　鳥取市　鹿児島市　大阪市　奈良市

3 次の①〜⑧の県庁所在地を書きましょう。また，その場所を地図中の⑥〜⑥から選んで書きましょう。

（1つ2点）

	市の名前	場所		市の名前	場所
①和歌山県	（　　　市）	（　）	⑤奈良県	（　　　市）	（　）
②岡山県	（　　　市）	（　）	⑥三重県	（　　　市）	（　）
③兵庫県	（　　　市）	（　）	⑦広島県	（　　　市）	（　）
④佐賀県	（　　　市）	（　）	⑧大分県	（　　　市）	（　）

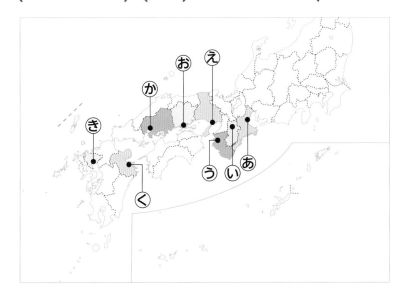

8 日本のようす⑧

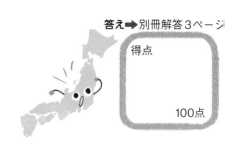

答え➡別冊解答3ページ

得点

100点

おぼえよう　日本の4つの島と7つの地方

日本の4つの島

● 日本は，南北に長い島国で，4つの大きな島
（北海道，本州，四国，九州）と，数多くの
└九州のおよそ2倍← └→本州→北海道のおよそ3倍 └→四国のおよそ2倍
小さな島からなりたっていて，周りを海
（日本海，太平洋など）にかこまれている。

いろいろな都道府県

● 北にある→北海道

● 南にある→沖縄県

● 海に面していない8県
　→群馬県・栃木県・埼玉県・山梨県・
　　長野県・岐阜県・滋賀県・奈良県。

日本の7つの地方

● 北海道地方…1道

● 東北地方…6県

● 関東地方…1都，6県

● 中部地方…9県

● 近畿地方…2府，5県

● 中国・四国地方…
　中国地方5県，四国地方4県

● 九州地方…8県

〈日本の4つの島〉

北海道（1道）

本州（34都府県）

四国（4県）

九州（沖縄県をふくむ8県）

〈日本の7つの地方〉

北海道地方

中部地方

東北地方

中国・四国地方

関東地方

近畿地方

九州地方

● 地図帳をじょうずに使おう…都道府県のことや山の高さ，川の長さなど，何かを調べたいときは地図帳の後ろのほうのページやさくいんを利用すると便利です。

1 日本の4つの大きな島（北海道，本州，四国，九州）について，次の問題に答えましょう。

（1つ6点）

(1) 最も大きい島は何といいますか。　　　　　（　　　　　　）

(2) 最も小さい島は何といいますか。　　　　　（　　　　　　）

(3) 最も北にある島は何といいますか。　　　　（　　　　　　）

(4) 最も南にある島は何といいますか。　　　　（　　　　　　）

❷ 右の，日本を７つの地方に区分した地図を見て，あとの問題にあてはまる答えを，
　　から選んで書きましょう。
(1つ6点)

(1)　最も北にある地方はどこですか。
　　　　　　　　（　　　　　　　　）

(2)　最も南にある地方はどこですか。
　　　　　　　　（　　　　　　　　）

(3)　関東地方と北海道地方の間にある地
　　方はどこですか。
　　　　　　　　（　　　　　　　　）

(4)　日本海に面した，新潟県のある地方
　　はどこですか。
　　　　　　　　（　　　　　　　　）

(5)　太平洋に面した，高知県のある地方はどこですか。（　　　　　　　　）

(6)　地図中の㋐の地方名を書きましょう。（　　　　　　　　）

　　九州地方　　中国・四国地方　　近畿地方　　中部地方　　関東地方　　東北地方　　北海道地方

---

❸ 右の地図を見て，あとの問題に答えましょう。
(1つ10点)

(1)　日本の首都・東京がある地方はど
　　こですか。　　（　　　　　　　　）

(2)　京都府と大阪府のある地方はどこ
　　ですか。　　　（　　　　　　　　）

(3)　中国・四国地方のうち，中国地方に
　　はいくつの県がありますか。
　　　　　　　　（　　　　　　　　）

(4)　海に面していない県が２つある地方
　　を書きましょう。
　　　　　　　　（　　　　　　　　）

9 小まとめテスト

答え➡別冊解答3ペー

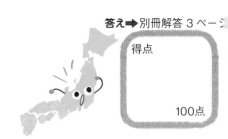

得点

100点

1 次の問題に答えましょう。

（1つ5点）

(1) わたしたちの日本には，4つの大きな島と，たくさんの小さな島があります。4つの大きな島の名前を，（　）に漢字で書きましょう。

（　　　　　　）（　　　　　　）（　　　　　　）（　　　　　　）

(2) 日本は7つの地方に区分されることがあります。次の①，②の地方名を，　から選んで書きましょう。

① 東京都（とうきょう）をふくむ地方　　　　（　　　　　　地方）
② 京都府（きょうとふ）をふくむ地方　　　　（　　　　　　地方）

東北（とうほく）地方　　関東（かんとう）地方　　中部（ちゅうぶ）地方　　近畿（きんき）地方　　九州（きゅうしゅう）地方

2 右の地図中の，①～⑩の都道府県（とどうふけん）名を，　から選んで書きましょう

（1つ2点）

① （　　　　　　）
② （　　　　　　）
③ （　　　　　　）
④ （　　　　　　）
⑤ （　　　　　　）
⑥ （　　　　　　）
⑦ （　　　　　　）
⑧ （　　　　　　）
⑨ （　　　　　　）
⑩ （　　　　　　）

秋田県（あきた）　宮城県（みやぎ）　千葉県（ちば）　茨城県（いばらき）　栃木県（とちぎ）　群馬県（ぐんま）　埼玉県（さいたま）　山梨県（やまなし）
石川県（いしかわ）　富山県（とやま）　愛知県（あいち）　三重県（みえ）　兵庫県（ひょうご）　岡山県（おかやま）　島根県（しまね）　愛媛県（えひめ）

3 右の地図の㋐〜㋙の都道府県庁所在地を、　　　から選んで書きましょう。
（1つ2点）

㋐ (　　　　　　　　)
㋑ (　　　　　　　　)
㋒ (　　　　　　　　)
㋓ (　　　　　　　　)
㋔ (　　　　　　　　)
㋕ (　　　　　　　　)
㋖ (　　　　　　　　)
㋗ (　　　　　　　　)
㋘ (　　　　　　　　)
㋙ (　　　　　　　　)

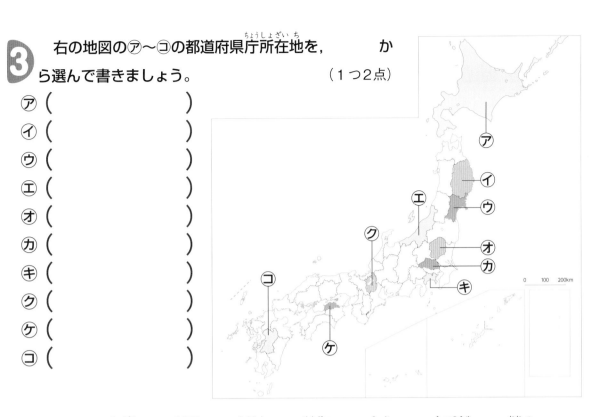

秋田市　札幌市（さっぽろ）　盛岡市（もりおか）　福島市（ふくしま）　仙台市（せんだい）　水戸市（みと）　宇都宮市（うつのみや）　大津市（おおつ）
横浜市（よこはま）　静岡市（しずおか）　熊本市（くまもと）　松山市（まつやま）　高松市（たかまつ）　新潟市（にいがた）　さいたま市　津市（つ）

4 えいたさんは、クラスで都道府県カードをつくりました。次のカードの、都道府県名を漢字で書きましょう。
（1つ5点）

都道府県の形	①	②	③
都道府県名	(　　　　　)	(　　　　　)	(　　　　　)
都道府県の形	④	⑤	⑥
都道府県名	(　　　　　)	(　　　　　)	(　　　　　)

10 県のようす①

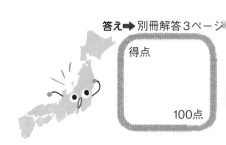

答え➡別冊解答3ページ

得点

100点

おぼえよう　県と市町村を調べる

県の位置の調べ方

①日本地図を使って，調べたい県が日本のどのあたりにあるかを調べる。

②まわりにどんな県があるかを調べる。また，それぞれの県の位置を方位であらわしてみる。

〈復習：八方位〉

とくにことわりがなければ，上が北

東，西，南，北であらわすのは四方位

県内の市町村を調べる

①県の地図を使って，自分たちの住んでいる市（町または村）がどのあたりにあるかを調べる。

②まわりの市町村を調べる。

③県庁所在地はどこか調べる。

例　宮城県

４つの県ととなりあっている。

北には岩手県，北西には秋田県，西には山形県，南に福島県がある。

例　千葉県

（2019年3月現在）

---

1 右の地図を見て，あとの問題に答えなさい。

（1つ8点）

(1) 次の文章の①～③にあてはまることばを書きましょう。

　　宮城県は，4つの県ととなり合っていて，北には岩手県，北西には①（　　　　　　　），②（　　　　　　　）には山形県，南には③（　　　　　　　）がある。

(2) 宮城県の県庁があるのは何市ですか。

　　（　　　　　　　　　　）

② 県庁のある千葉市について，右の地図を見て，あとの問題に答えましょう。

（1つ8点）

(1) 千葉市から見て，南にあるのは何市ですか。　（　　　　　　　）

(2) 千葉市は，いくつの市ととなり合っていますか。（　　　　　　　）

(3) 千葉市から見て，茂原市はどの方位にありますか。八方位で答えましょう。
　　　　　　（　　　　　　）

(4) 千葉市に面している海は，千葉市のどの方位にありますか。四方位で答えましょう。
　　　　　　（　　　　　　）

（2019年3月現在）

---

③ 宮城県の市町村について，右の地図を見て，あとの問題に答えましょう。

（1つ9点）

(1) 県庁がある市は何市ですか。
　　　　（　　　　　　）

(2) いちばん南にある市町村の名前を書きましょう。
　　　　（　　　　　　）

(3) 仙台市について，次の文章の①，②にあてはまることばを書きましょう。

　　仙台市は，東に海が広がり，西は①（　　　　　）県ととなり合っている。また，市の②（　　　　　）側は，3つの市や町ととなり合っている。

（都道府県庁の地図記号は◎）　（2019年3月現在）

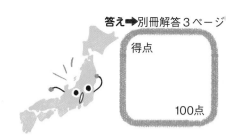

答え➡別冊解答3ページ

得点

100点

11 県のようす②

おぼえよう　地せい図の見方

▲宮城県の地せい図

地せい図

●山，川，平野などの地形のようすをあらわした地図。

➡**土地の高さ**が色でぬり分けられている。

宮城県の地せい図からわかること

●県の西側…高い土地が多く，山脈が広がっている。

●県の中央…低い土地が多く，平野が広がっている。

●県の東側…やや高い土地が多い。入り組んだ海岸がある。

●川が多い。

等高線

海面からの高さが同じところを結んだ線を**等高線**という。

●等高線と数字を見ることで，地図上の場所がどれくらいの高さかを知ることができる。

●土地のかたむきのようすを知ることができる。

➡等高線の**間がせまい**ところは，かたむきが**急**。

➡等高線の**間が広い**ところは，かたむきが**ゆるやか**。

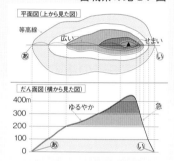

1　右の地図を見て，あとの問題に答えましょう。

((1)1つ5点　(2)6点)

(1)　地図中の①，②の土地の高さは，どれくらいですか。　　　からそれぞれ選んで書きましょう。

①(　　　　　) ②(　　　　　)

0～100m　　100～200m

200～500m　　500～1000m

(2)　右のように，山，川，平野などの地形のようすをあらわした地図を何といいますか。

(　　　　　)

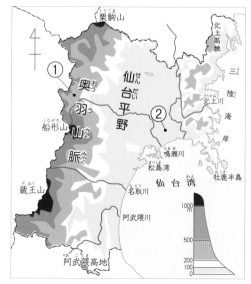

2 右の地図を見て，あとの問題に答えましょう。

（1つ7点）

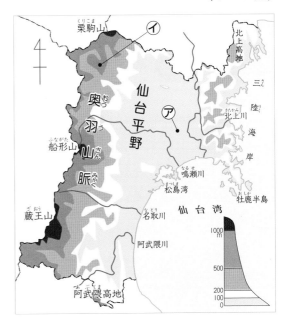

(1) 右のように，土地の高さを色でぬり分け，地形のようすをあらわした地図を何といいますか。

（　　　　　　　　　）

(2) ⑦，①の地点の地形の名前を，　　　から選んで書きましょう。

⑦（　　　　　　　）①（　　　　　　　）

山　　平野　　半島

(3) ⑦，①の地点は，どちらの土地が高いですか。　　（　　　）

3 右の愛知県の地図や，平面図とだん面図について，次の文章の①〜⑧にあてはまることばを，　　　から選んで書きましょう。

（1つ7点）

(1) 地せい図は，①（　　　　　　），山，川などの，土地のようすをあらわした地図である。⑦の愛知県の地せい図を見ると，県の②（　　　　　　）側は，高い土地が多く，③（　　　　　　）が広がっている。反対に④（　　　　　　）側は低い土地が多く，（①）が広がっている。

(2) ①の図を見ると，山ちょうの西側は，⑤（　　　　　　）の間かくが⑥（　　　　　　）ので，かたむきはゆるやかである。北側と⑦（　　　　　　）側は（⑤）の間かくが⑧（　　　　　　）ので，かたむきが急である。

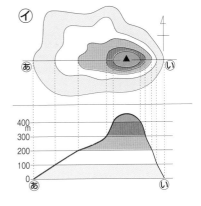

山　　平野　　川　　西　　東　　北
せまい　　広い　　等高線

12 県のようす③

おぼえよう　県の土地利用のようす

土地利用図

その地いきの土地の使われ方をあらわした地図。

● 地せい図と見くらべると，地形によって土地の使われ方がちがうことがわかる。

➡ 平野のある低い土地には，川ぞいを中心に田や市がい地が多い。山地には，森林が広がっている。

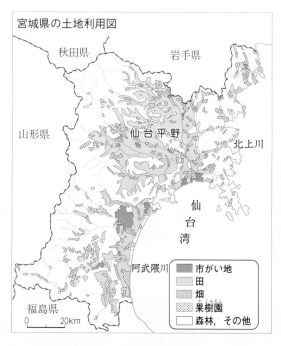

1 右の宮城県の地図を見て，あとの問題に答えましょう。　（1つ10点）

(1) 右のように，その地いきの土地の使われ方をあらわした地図を何といいますか。

（　　　　　　　　　）

(2) ⑦，⑦の地いきの土地は，どのように利用されていますか。地図中から選んで書きましょう。　　⑦（　　　　　　　　）

⑦（　　　　　　　　）

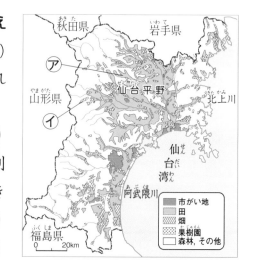

2 次の地図を見て，あとの問題に答えましょう。

（1つ10点）

▲石川県の地せい図

▲石川県の土地利用図

(1) 地せい図の⑦，④の地いきの土地は，どのように利用されていますか。土地利用図を見て書きましょう。　⑦（　　　　　　　　　）

　　　　　　　　　　　　　　　　　　　　　　④（　　　　　　　　　）

(2) 1000mよりも高い土地では，どのような土地になっていますか。土地利用図を見て書きましょう。

（　　　　　　　　　）

3 下の地図を見て，あとの問題に答えましょう。

（1つ10点）

(1) 次の①，②の地いきの土地で，最も多い土地利用は何ですか。土地利用図を見て書きましょう。

①土地の高いところ（　　　　　　　　　）

②土地の低いところ（　　　　　　　　　）

(2) 地せい図中の⑦，④の地いきの土地は，どのように利用されていますか。地図中から選んで書きましょう。　⑦（　　　　　　　　　）

　　　　　　　　　　　　　　　　　　　　④（　　　　　　　　　）

▲神奈川県の地せい図

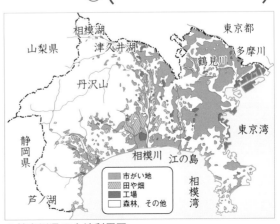
▲神奈川県の土地利用図

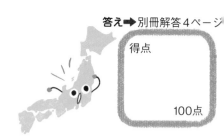

得点

100点

13 県のようす④

おぼえよう　県の市区町村

宮城県の市・町・村

- 仙台市は，県庁所在地で，人口は県内で最も多い。
  - ➡仙台市は，市内が5つの区にわかれている。
- 県内には，仙台市をふくめて，14の市がある。
  - ➡県内には，町が20，村が1つある。
- 気仙沼市，石巻市は水産業がさかん。
- 登米市は，米づくりがさかん。

しゅくしゃく

地図上で，実さいのきょりをどれだけちぢめているかをしめしたわりあい。

- 地形図で，2万5千分の1，5万分の1のようにあらわす。（右下の地図は2万5千分の1）
  - ➡ある土地のようすをくわしく調べたいときは，しゅくしゃくの数字が小さい地図を見る。
  - ➡ある土地のようすを広いはんいで調べるときは，しゅくしゃくの数字が大きい地図を見る。

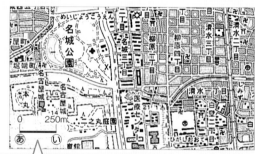

- ⓐとⓘの間は，地図上では1cm。実さいのきょりは
  1cm × 25000 = 25000cm = 250m。

---

1 次の文の（　）にあてはまることばを，　から選んで書きましょう。

（1つ10点）

都道府県の中は，①（　　　　　　　　）や町，村などにわかれている。①の中はさらに②（　　　　　　　　）などの単位でわかれていることもある。それらのようすは地図で見ることができるが，地図は実さいのきょりをちぢめてかかれている。このちぢめたわりあいのことを③（　　　　　　　　）という。

市　　府　　区　　しゅくしゃく　　2万5千分の1

② 右の地図を見て，次の問題に答えましょう。

(1つ10点)

(1) ㋐にあてはまる県名を書きましょう。　（　　　　県）

(2) 仙台市の南側でせっしている市や町は，いくつあるでしょう。数字で答えましょう。
（　　　　　　）

(3) 仙台市から見て，気仙沼市はどの方向にありますか。八方位で答えましょう。（　　　　　　）

(4) 仙台市の東西のきょりを，　から選んで書きましょう。
（　　　　km）

約20km　　約50km　　約1000km

③ 次の問題に答えましょう。

(1つ10点)

(1) 次の文の（　）にあてはまることばを書きましょう。

> 地図は，実さいのきょりを，あるわりあいでちぢめてつくられている。このわりあいを（　　　　　　）という。

(2) 右の地図上の㋐と㋑の間は1cmです。地図上の3cmは，実さいのきょりでは何mになりますか。
（　　　　　　m）

(3) ある地いきをくわしく調べたいときは，しゅくしゃくの数字が小さい地図と，大きい地図のどちらを見るとよいですか。（　　　　地図）

しゅくしゃくが20万分の1の地図

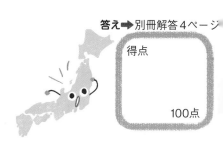

答え➡別冊解答4ページ

得点

100点

14 県のようす⑤

おぼえよう　県の交通のようす

県の交通を調べる

● 県の地図を使って，<u>交通のようす</u>を調べる。
　　　　　　　　　　　└→港，空港，鉄道，道路の位置。

● おもな鉄道や道路が，県内をどのように通っているか調べる。

　➡県内のおもな都市を結ぶように通っている。

● 特に鉄道や道路が多いところは，どのような土地か調べる。

　➡鉄道や道路は，人口の多いところに集まっている。

● 例：宮城県内の交通のようす

①おもな鉄道や道路

・宮城県内のおもな都市と都市を結ぶように通っている。

　➡県外のおもな都市ともつながっている。

・仙台市に特に集まっている。

・平地に多く通っている。

②おもな港や空港…県庁のある仙台市，またはその近くにある。

気仙沼線など，震災のえいきょうでBRT（バス高速輸送システム）が利用されている場所があります。(2019年現在)

▶宮城県のおもな交通

新幹線
JR線
その他の鉄道
高速道路・有料道路
おもな道路
● おもな都市

---

1 県の交通のようすの調べ方について，次の文章の①～③にあてはまることばを，から選んで書きましょう。　　（1つ10点）

　　県の交通のようすを調べるときは，県の①（　　　　　　　）を使う。港や②（　　　　　　　）がどこにあるか，③（　　　　　　　）や道路が県内をどのように通っているかをかくにんする。

空港　　鉄道　　地図　　写真

❷ 右の地図を見て，宮城県の交通について，あとの問題に答えましょう。

（1つ11点）

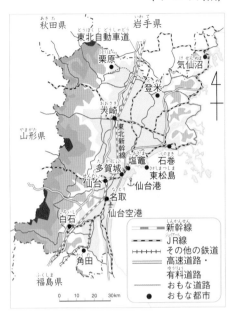

（1）宮城県の交通について正しいものを， から選んで書きましょう。

（　　　　　　　　　　　　）

東西に新幹線が通っている。

道路，鉄道，港，空港がある。

高速道路は通っていない。

（2）宮城県内の新幹線や高速道路は，どのように通っていますか。 から選んで書きましょう。

（　　　　）

東西　　南北

❸ 右の地図を見て，岡山県の交通について，あとの問題に答えましょう。 （1つ12点）

（1）岡山県の交通は，県の北部と南部では，どちらに発たつしていますか。（　　　　　　）

（2）岡山県の交通について，次の文章の①〜③にあてはまることばを， から選んで書きましょう。

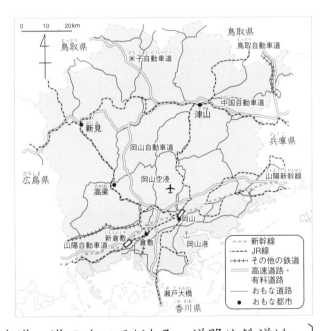

岡山県には，鉄道，道路，空港，港のすべてがある。道路や鉄道は，①（　　　　）に多く通っていて，鉄道は②（　　　　）駅に多く集まっている。また，東西に通る高速道路は，③（　　　）本ある。

山　　平地　　岡山　　津山　　2　　3

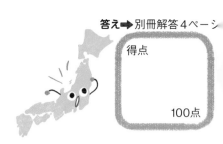

15 県のようす⑥

おぼえよう　県の産業のようす

産業

農業，工業，商業などさまざまな仕事をまとめて産業という。

県の産業を調べる

- 県のどのあたりで，どんな産業がさかんなのかを調べる。

→**地形や気候**によって，土地ごとに，さかんな産業がちがう。

- 県でつくられている農作物や，工業せい品などを調べる。

→農業では，**その土地の気候や地形に合った農作物**をつくっている。

→工業のさかんなところは，広い土地があり，原料やせい品を運ぶのに便利な港に近いところに多い。

●例：福岡県の産業

- 農業…米，野菜が多くつくられている。山ぞいでは，ちく産がさかん。

→広い平野があり，あたたかい気候を利用した作物がつくられている。

- 工業…北九州市，苅田町で特にさかん。輸送機械の生産量が多い。

→自動車や自動車部品の生産が多い。

1 次の問題に答えましょう。

（1つ8点）

(1) 農業，工業，商業などさまざまな仕事をまとめて何といいますか。

（　　　　　　）

(2) 農業がさかんなところは，どのような農作物をつくっていますか。次の文の①，②にあてはまることばを，　　から選んで書きましょう。

あたたかい・寒いという①（　　　　　　）にあった農作物や，平野・山という②（　　　　　　）にあった農作物。

気候　　交通　　地形

2 次の地図を見て，福岡県の産業についての文章の，（ ）にあてはまることばを，
　　 から選んで書きましょう。

（1つ12点）

福岡県では，平地では野菜や米，①（　　　　　）ではちく産物の生産がさかんです。また，②（　　　　　）もさかんで，玄界灘では，いかがよくとれます。県の北部の北九州市と苅田町では，自動車などをつくる③（　　　　　）がさかんです。

おもな生産物
牛　ぶた　にわとり
いか　あじ・さば　のり
米　いちご　ほうれんそう

工業がさかんなところ

工業　　水産業　　山地

---

3 右の宮城県の産業についてあらわした地図を見て，あとの問題に答えましょう。

（1つ10点）

(1) 工業がさかんな市は，どことどこですか。

（　　　　市）（　　　　市）

(2) ちく産や野菜づくりがどちらもさかんな地いきを，　　 から選んで書きましょう。

県の（　　　　　）

北部　　中央部　　南部

(3) 宮城県の産業について，次の文の（ ）にあてはまることばを，　　 から選んで書きましょう。

〔 宮城県は，県の中央部に（　　　　　）がさかんな地いきがある。〕

農業　　工業

おもな生産物
肉牛　乳牛　ぶた
鶏卵　米　トマト
いちご　ねぎ

工業がさかんな地いき

16 県のようす⑦

得点

100点

おぼえよう　県のようすまとめ

宮城県の特色をまとめる

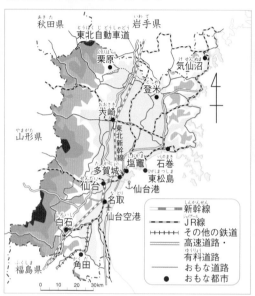

◀交通をあらわす図

新幹線
JR線
その他の鉄道
高速道路・有料道路
おもな道路
おもな都市

0　10　20　30km

▶県内の市町村区分

▶土地利用図

0　10　20　30km

秋田県　岩手県

山形県

仙台平野

北上川

仙台湾

阿武隈川

福島県

0　　20km

市がい地
田
畑
果樹園
森林，その他

◀地せい図

秋田県　岩手県

北上高地

山形県

栗駒山

仙台平野

三陸海岸

奥羽山脈

船形山

北上川

蔵王山

鳴瀬川

松島湾

名取川

仙台湾

阿武隈川

福島県

阿武隈高地

1000
500
200
100
0

産業の分布図▶

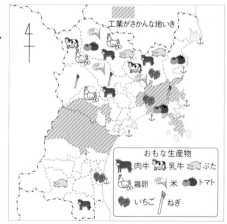

工業がさかんな地いき

おもな生産物

肉牛　乳牛　ぶた
鶏卵　米　トマト
いちご　ねぎ

●いろいろな地図を組み合わせて，県の特色をまとめる。

➡登米市は米づくりがさかん（産業）。田が広がっている（土地利用図）。宮城県は，平野が中央部分を南北に広がっている（地せい図）。平野部に新幹線をはじめとする，交通路が集まっている。

1 右の地図を見て，次の問題に答えましょう。

（1つ10点）

(1) ㋐のような地図のよび方を書きましょう。

（　　　　　　　　　）

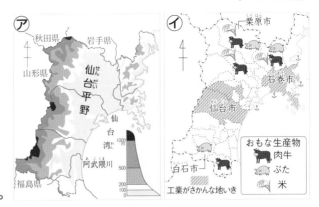

(2) 次の文章は㋐，㋑の地図から読み取れることの説明です。（　）にあてはまることばを，　から選んで書きましょう。

　宮城県では，①（　　　　　　　　）に米づくりがさかんな地いきが多い。米づくりがさかんな地いきの②（　　　　　　　　）のようすを見ると，平野が広がっていることがわかる。南部の③（　　　　　　　　）土地が多いところでは，ちく産がさかんである。県庁所在地の④（　　　　　　　　）や石巻市では，人口も多く，⑤（　　　　　　　　）がさかんである。

水産業　　工業　　東部　　北部　　低い　　高い　　気仙沼市　　仙台市　　地形

2 右の地図を見て，次の問題に答えましょう。

（1つ20点）

(1) ㋐の地図の①の土地は，何に利用されているか，書きましょう。

（　　　　　　　　　）

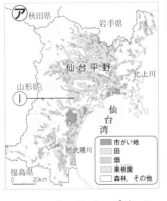

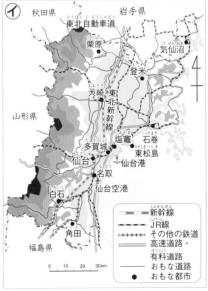

(2) ㋑の地図の鉄道が通っている土地の特ちょうやようすとして読み取れることを，　から選んで書きましょう。　　（　　　　　　　　　）

おもに山脈を通る　　　おもに平野を通る

17 小まとめテスト

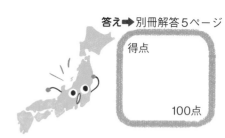

答え➡別冊解答5ページ

得点

100点

1 右の宮城県の地図について，次の問題に答えましょう。

（1つ5点）

(1) 地図中の⑦は北側にとなりあう県，⑦は西側にとなりあう県です。それぞれの県名を，漢字で書きましょう。

⑦（　　　　県）⑦（　　　　県）

(2) ⑦は宮城県の政治を行う役所のある市です。次の①・②に答えましょう。

①　⑦の市名を漢字で書きましょう。

（　　　　市）

②　(2)の＿＿部の「県の政治を行う役所のある市」を何といいますか。　　から選んで書きましょう。

（　　　　　　）

市町村　　地方公共団体　　県庁所在地

2 右の地図を見て，次の問題に答えましょう。

（1つ10点）

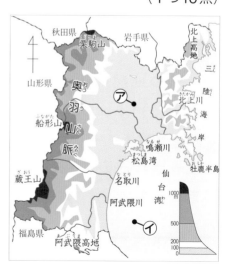

(1) 右の地図のような，地形のようすをあらわした地図を何といいますか。　　から選んで書きましょう。　（　　　　）

地せい図　　絵地図　　交通図

(2) ⑦・⑦の地形は何ですか。　　から選んで書きましょう。　⑦（　　　　）

⑦（　　　　）

山　　海　　平野　　半島

3　次の問題に答えましょう。

> あといの間は，地図上では1cm。
> 実さいのきょりは250m。

(1)　地図中の**あ**ー**い**のように，地図上で，実さいのきょりをどれだけちぢめているかをしめしたわりあいを何といいますか。　　　から選んで書きましょう。（　　　　　　　）

　　　方位記号　　しゅくしゃく

(2)　地図上で，海面からの高さが同じところを結んだ線を，何というか，漢字で書きましょう。

（　　　　　　　）

4　次の①〜③の地図について，次の問題に答えましょう。

(1)　①〜③から読み取れることを，　　　からそれぞれ1つ選んで，書きましょう。（1度使ったものは2回使えません。）

①（　　　　　　　）　②（　　　　　　　）　③（　　　　　　　）

　　　地形のようす　　交通のようす　　土地利用のようす　　産業のようす

(2)　次の文は，①〜③からわかることを説明した文です。（　）にあてはまる地形を書きましょう。

> 米づくりがさかんな地いきも，新幹線が通るところも，（　　　　　　　）にあることが多い。

18 単元のまとめ

答え➡別冊解答５ページ

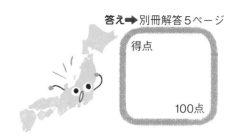

得点

100点

1 右の地図を見て，問題に答えましょう。

（１つ８点）

(1) 地図中の**あ**，**い**の地方を何といいますか。

あ（　　　　　　地方）

い（　　　　　　地方）

(2) 地図中の①，②の県は，県名と県庁所在地名がちがっています。県庁所在地名を，　　　から選んで書きましょう。

① （　　　　　　　　　）

② （　　　　　　　　　）

金沢市　　神戸市　　仙台市　　横浜市

2 次の地図を見て，問題に答えましょう。

（１つ６点）

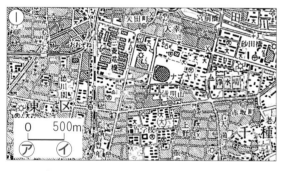

(1) **ア**ー**イ**の間は１cmです。①，②は，それぞれしゅくしゃくが何万分の１の地図ですか。それぞれ　　　から選んで書きましょう。

２万５千分の１　　　５万分の１

① （　　　　　　　　の地図）

② （　　　　　　　　の地図）

(2) ある地いきをくわしく調べるときは，２万５千分の１と５万分の１のどちらの地図を見るとよいですか。（　　　　　　　の地図）

3 次の大分県の地図を見て，問題に答えましょう。

（1つ4点）

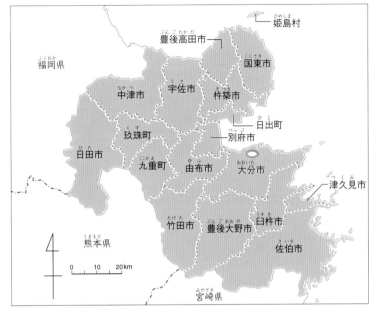

(1) 県庁があるのは何市ですか。

（　　　　　　市）

(2) (1)の市にとなり合っている市は，いくつありますか。

（　　　　　　つ）

(3) 佐伯市がとなり合っているのは何県ですか。

（　　　　　　県）

(4) 県庁から見て，次の①，②はどの方位にありますか。八方位で答えましょう。

①宇佐市（　　　　　　　　）　②竹田市（　　　　　　　　　）

4 地形と産業について，次の問題に答えなさい。

（1つ5点）

(1) 次の①〜④の文で正しいものには○，まちがっているものには×を書きましょう。

① （　　　）米づくりがさかんな地いきは，平野で，近くに川が流れている所が多い。

② （　　　）新幹線や高速道路はおもに山地につくられる。

③ （　　　）工業は港が近くにあるなど，交通の便が良い地いきで発達しやすい。

④ （　　　）日本はどこでも同じ気候なので，地いきによって産業にちがいはない。

(2) 次の文の（　）にあてはまることばを，　　　から選んで書きましょう。

> その地いきの特ちょうを調べるには，さまざまな地図を組み合わせると良い。たとえば，どのような地形の所に田があるかを調べるときには，①（　　　　　　）と②（　　　　　　）を組み合わせるとよい。

土地利用図　　地せい図　　市町村区分図　　交通図

日本各地の「祭り」を考えてみよう！

ひろげよう 社会

★各地に受けつがれている祭り

日本では，大きなものから，小さなものまで，数えきれないほど多くの祭りが行われています。おみこしをかついだり，だんじりを引っぱるようなはなやかなものから，おごそかなふん囲気で行われるものまで，祭りの種類もさまざまです。

祭りは人々の「願い」や「いのり」または「感しゃ」の思いから生まれ，今に受けつがれています。どのような思いがこめられているのでしょうか。

★「作物がとれるように」「魚がとれるように」という願いから生まれた祭り

古くから日本でつくられていたものに「米」があります。人々は米が多くとれるように，いのりをささげ，祭りを行いました。たとえば，各地で行われている「田遊び」という祭りは，たねまきやしろかきなどの農作業のようすを歌やおどりであらわしている祭りです。港でも，船に大きな旗をいくつもあげて，豊漁の願いをする祭りがあります。

また，作物や魚がとれるようにお願いするだけでなく，とれたことに感しゃする祭りも多く行われています。

★「世の中が平和でありますように」という願いから生まれた祭り

このような願いから生まれた祭りは，おもに昔から人々の生活を守ってくれるそんざいであった神社や寺で行われます。昔の人々は，これらの場所で世の中の平和をいのり，祭りを行いました。今でも，その思いを引きついだ祭りが多く行われています。また，昔は今とちがい，自然災害がなぜおこるのかが分かっておらず，「たたり」などといって，おそれていました。そのようなわざわいから身を守りたいという願いからも，祭りが生まれました。

40

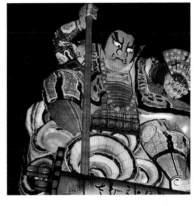

★「なくなった人を供養する」という思いから生まれた祭り

夏休みの中ごろのことを「お盆」といいます。これは先祖を供養する行事です。お盆の時期には，なくなった人々への祭りが各地で行われます。青森のねぶた祭り，弘前のねぷた祭りも，このような願いからうまれた祭りが由来の1つといわれています。

★七夕

七夕もせい大に祭りが行われます。仙台七夕祭りや湘南ひらつか七夕祭りが有名です。七夕は昔の貴族の人々が大切にしていた「年中行事」というものの1つでした。家庭でも，七夕の日には笹をかざり，短ざくに願い事をかく風習が残っています。

★新しく生まれた祭り

昔からある伝とう的な祭りだけでなく，新しく生まれた祭りもあります。高知県のよさこい祭りです。鳴子という道具を持ち，おどりながら市内を進むこの祭りは，70年ほど前にたん生しました。今では，日本各地で行われているだけでなく，形を少しかえて世界中に広まっています。

> すんでいるところのお祭りは，どんな願いから生まれたかを調べてみよう！

考えてみよう

祭りだけでなく，人々の願いや思いから生まれた習かんは，今も多く残っています。あなたの家に残っている習かんを1つ書き，どのような思いからその習かんが生まれたかを調べてみましょう。または，住んでいる所の祭りは，どんな願いから生まれたかを調べてみましょう。

（習かん・祭り）

（願いや思い）

・答えは1つだけではありません。下の例を参考にして，あなたの調べたことを書きましょう。

【例】（習かん・祭り）　5月5日のこどもの日には，たけのこご飯をつくる。

（願いや思い）男の子が生まれると，たけのこのようにすくすく育ってほしいという願いをこめて，たけのこご飯をつくるのだと，おばあちゃんがいっていた。

19 ごみのしょ理と利用①

答え➡別冊解答5ページ

得点

100点

おぼえよう　ごみしょ理のうつり変わり

70年くらい前

買い物のようす

　肉のトレーやたまごのパック，お店の袋などはなかった。品物を入れるものや，買い物かごを自分で持っていった。

➡ごみはあまり出さなかった。

ごみしょ理のようす

　出たごみは，あなをほってうめたり，庭や空き地でもやすなど，**自分でしょ理**していた。

➡害のあるけむりがでたり，病気がひろがるなどの心配があった。

今

買い物のようす

　トレーやパックに入って売られている。お店の袋に入れて持ち帰れるので便利になった。

➡**トレーやパックなど，使いすてのものが多くなり，ごみがふえた。**

※エコバッグを使う人もふえている。

ごみしょ理のようす

　ごみは種類ごとに分けて出す。ごみしゅう集車がごみを集める。
➡もえないごみがふえている。

➡**リサイクルなど，ごみをへらすくふうや努力がさかんに行われている。**

1 次の㋐～㋒のうち，今のごみのしょ理のようすをあらわしているものには◎を，昔のごみのしょ理のようすをあらわしているものには○を書きましょう。　（1つ6点）

（　　　　）（　　　　）（　　　　）（　　　　）

2 右の絵は，昔と今の買い物のようすをあらわしています。これを見て，あとの問題に答えましょう。

(1つ7点)

(1) 次の文のうち，今の買い物のようすには◎を，昔の買い物のようすには○を書きましょう。

① (　　　　) トレーやパックに入った品物はない。

② (　　　　) トレーやパックに入った品物が多い。

(2) 昔と今では，生ごみのほかに出るごみには何がありますか。それぞれ　　　　から選んで書きましょう。

昔 (　　　　　　　) (　　　　　　　)

今 (　　　　　　　) (　　　　　　　)

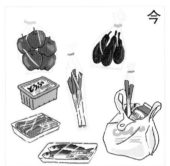

トレー　　パック　　ひも　　新聞紙

3 次の文章を読んで，あとの問題に答えましょう。

((1)は1つ8点　(2)は10点)

> 今は，昔とくらべて，ごみの種類や量がふえています。特に，(　①　) ごみがふえているので，昔のようにごみをしょ理することができません。ごみは種類ごとに分別してから，ごみステーションに出し，(　②　) が集めます。ごみの量はふえましたが，しげんになるごみを回しゅうしてふたたびしげんとして利用する (　③　) はさかんになっています。

(1) 文章中の①〜③にあてはまることばを，　　　　から選んで書きましょう。

① (　　　　　　　)　② (　　　　　　　)　③ (　　　　　　　)

もやす　　ごみしゅう集車　　消防車　　もえない　　リサイクル

(2) ＿＿部の方法を，　　　　から選んで書きましょう。

(　　　　　　　)

売っていた。　　庭でもやした。　　空き地にためた。

20 ごみのしょ理と利用②

得点

100点

おぼえよう　家から出るごみ

※ごみの種類や分け方は，地いきによってちがいます。

ごみを分別して出すことで，また利用できるしげんを集めやすくなった。
→種類ごとに分けて出すこと。ごみをへらすことにもなり，かんきょうのためにもよい。

おもなごみの種類

●もえるごみ

もやしてしょ理できるごみ

生ごみ，紙くず，木くず，紙おむつなど

●もえないごみ（もやせないごみ）

もえないか，もやすと有害な物し
つが出るなど，もやして
しょ理できないごみ

せともの，金ぞく，ガラスなど

●大型のごみ（そ大ごみ）

家具などの大きなごみ

家具，自転車，じゅうたん，ふとんなど

●しげんになるごみ（リサイクルごみ）

原料化されて，新しいせい品などに
→リサイクルという
つくりかえることができるごみ

びん，ペットボトル，牛にゅうパック，
かん，新聞紙，トレーなど

1 下のごみを，もえるごみともえないごみに分けて，名前を書きましょう。

（1つ5点）

ガラス	紙おむつ	せともの	生ごみ	金ぞく	紙くず

①もえるごみ　（　　　　）（　　　　）（　　　　）

②もえないごみ　（　　　　）（　　　　）（　　　　）

2 下の㋐〜㋑は，家から出たごみを種類別に分けた表です。これを見て，あとの問題に答えましょう。

（1つ6点）

㋐	㋑	㋒	㋓
・木くず ・生ごみ ・紙くず	・ペットボトル ・かん ・新聞紙 ・トレー	・ガラス ・せともの ・金ぞく	・家具 ・自転車 ・ふとん

(1) ㋐〜㋑は，それぞれどんな種類のごみですか。　　から選んで書きましょう。　　㋐（　　　　　　　　　）㋑（　　　　　　　　　）
㋒（　　　　　　　　　）㋓（　　　　　　　　　）

しげんになるごみ　　大型のごみ　　もえないごみ　　もえるごみ

(2) ごみをまた利用できるしげんにするために，ごみを種類ごとに分けて出すことを何といいますか。　　（　　　　　　　　　）

3 右のごみの絵を見て，あとの問題に答えましょう。

（1つ8点）

(1) もえるごみはどれですか。2つ選んで，書きましょう。
（　　　　　　　　　）
（　　　　　　　　　）

(2) しげんになるごみはいくつありますか。　（　　　）

(3) ㋐と同じ種類のごみはどれですか。1つ選んで，書きましょう。
（　　　　　　　　　）

(4) ㋑は，どんな種類のごみですか。ごみの種類を書きましょう。
（　　　　　　　　　）

	㋐	
生ごみ	家具	自転車
ペットボトル	びん	新聞紙
紙おむつ	㋑ せともの	かん

21 ごみのしょ理と利用③

答え➡別冊解答6ページ

得点

100点

おぼえよう　ごみのしゅう集

- 出されたごみは，しゅう集する係の人がごみしゅう集車で運んでいく。ごみの出し方やしゅう集は，地いきによってちがう。

ごみを出すときは

- 決められた曜日に，**決められた種類**のごみを，**決められた場所**に出す。
  - ➡ごみステーションや集せき所などという。
- われたガラスやかみそりなどは，紙などで包み，きけんなごみであることがわかるように書いて出す。
  - ➡ごみをしゅう集する人が，けがをしてしまうことがあるため。

▲ごみしゅう集のようす（ごみしゅう集車は，清そう車，パッカー車ともよばれる。）

1 右の表は，ある地いきのごみステーションにあるかん板に書かれていたことをまとめたものです。これを見て，あとの問題に答えましょう。　（1つ7点）

(1) もえるごみは，何曜日と何曜日に出せばよいですか。

（　　　　　）（　　　　　）

(2) 水曜日に集められているごみの種類は何ですか。（　　　　　　　）

(3) 出すときに申しこみが必要なごみの種類は何ですか。

（　　　　　　　）

(4) 月曜日に出すごみを，　　から選んで書きましょう。（　　　　　　　）

ごみの種類	しゅう集日
もえるごみ	**火・金**
もえないごみ	**水**
しげんになるごみ	**月**
大型のごみ	しゅう集は，受付センターに申しこんでください。

生ごみ　　家具　　自転車　　かん　　われたガラス

2 次の①～⑥の文で，ごみをしゅう集する係の人に聞いた話として正しい文には○を，まちがっている文には×を，（　）に書きましょう。　　　　　（1つ5点）

① （　　　　　）「ごみしゅう集車は，1週間のうちに何度もしゅう集に回っていますので，いつでもごみを出してください。」

② （　　　　　）「ごみを出すときは，きちんと分けて，決められた日に出すようにしてほしいです。」

③ （　　　　　）「ガラスのはへんなどは，しゅう集するときにきけんなので，それがわかるようにして出してほしいです。」

④ （　　　　　）「ごみのしゅう集は，たいへんな仕事なので，雨の日や夏の暑い日は休んでいます。」

⑤ （　　　　　）「ごみステーションの場所は，毎週変わります。」

⑥ （　　　　　）「ごみしゅう集車が通る道であれば，どこにごみを出してもかまいません。」

3 右の表は，ある地いきのごみステーションにあるかん板です。これを見て，あとの問題に答えましょう。　　　　　（1つ5点）

(1) この地いきでは，週に何回，もえるごみを集めていますか。　　　　　　　　　　　　（　　　　回）

(2) 次の　　　　のごみは，何曜日に出せばよいですか。あてはまる曜日に，それぞれ書きましょう。

月曜日 （　　　　　　）（　　　　　　）
火曜日 （　　　　　　）（　　　　　　）
木曜日 （　　　　　　）

生ごみ　　せともの　　紙くず　　新聞紙　　びん

ごみの種類	しゅう集日
もえるごみ	月・水・金
もえないごみ	木
リサイクルごみ	火
大型のごみ	しゅう集を申しこんでください。

(3) こわれた自転車をすてるときは，どのようにすればよいですか。次の文の（　）にあてはまることばを，　　　　から選んで書きましょう。

自転車は （　　　　　　　　　　） なので，出すときに申しこみが必要である。

もえるごみ　　しげんになるごみ　　大型のごみ

22 ごみのしょ理と利用④

答え➡別冊解答6ページ

得点

100点

おぼえよう　もえるごみのゆくえ

もえるごみは，ごみを焼きゃくするしせつに運ばれて，しょ理される。（もえないごみは，害がなければうめ立てしょ分場に運ばれる。）

もえるごみのしょ理（清そう工場）

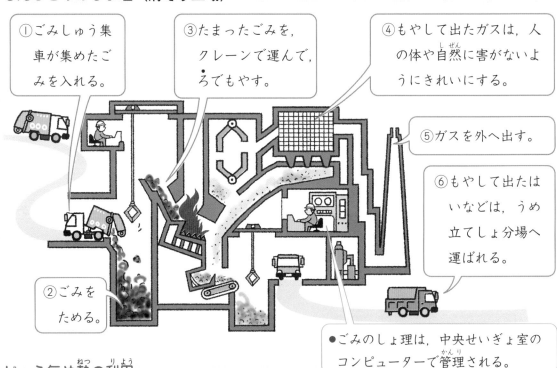

①ごみしゅう集車が集めたごみを入れる。

③たまったごみを，クレーンで運んで，ろでもやす。

④もやして出たガスは，人の体や自然に害がないようにきれいにする。

⑤ガスを外へ出す。

⑥もやして出たはいなどは，うめ立てしょ分場へ運ばれる。

②ごみをためる。

●ごみのしょ理は，中央せいぎょ室のコンピューターで管理される。

じょう気や熱の利用

・ごみをもやして出たじょう気や熱➡電気や，温水をつくる。
　➡電力会社に売ったり，温水プールに利用したりしている。

1 もえるごみがしょ理される順番となるように，次の⑦～⑦の文をならべかえて，記号を書きましょう。

（1つ6点）

（　　　）→（　　　）→（　　　）→（　　　）→（　　　）

⑦　はいをうめ立てしょ分場へ運ぶ。

⑦　ごみしゅう集車がごみを運んでくる。

⑦　ごみをためる。

⑦　ごみをもやす。

⑦　たまったごみを，ろへ運ぶ。

2 次の①～⑦の文の，＿＿＿部が正しい場合は○を，まちがっている場合は正しいことばを，　　　　　から選んで書きましょう。 （1つ5点）

① (　　　　　　　　　　) 消防車が，ごみを集めて運んでくる。

② (　　　　　　　　　　) ごみをもやして出たはいを使って，電気や温水をつくる。

③ (　　　　　　　　　　) ごみは，ろでもやされる。

④ (　　　　　　　　　　) もやしたあとのガスは，体や自然に悪いものをとりのぞいて外に出す。

⑤ (　　　　　　　　　　) ごみをもやして出た熱を，温水プールなどに利用している。

⑥ (　　　　　　　　　　) ごみをもやして出たはいなどは，温水プールへ運ばれる。

⑦ (　　　　　　　　　　) ごみのしょ理は，コンピューターを使って管理されている。

ごみしゅう集車　　ごみ　　うめ立てしょ分場　　じょう気や熱

3 右の図は，ごみを焼きゃくするしせつのようすをあらわしています。これを見て，あとの問題に答えましょう。 （1つ7点）

(1) 次の①～③の文は，図中のア～オのどこを説明していますか。（　）に記号を書きましょう。

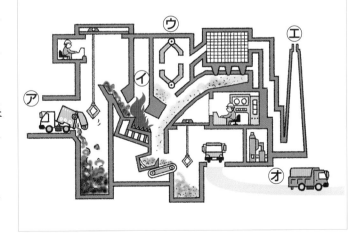

① (　　　) ごみしゅう集車が，ごみを入れる。

② (　　　) ろでごみをもやす。

③ (　　　) きれいになったガスを外へ出す。

(2) ごみをもやして出たじょう気や熱を利用して，何をつくりますか。2つ書きましょう。　　　　　(　　　　　　　　　　)(　　　　　　　　　　)

23

ごみのしょ理と利用⑤

答え➡別冊解答6ページ

得点

100点

おぼえよう　しげんになるごみのゆくえ

しげんになるごみ（リサイクルごみ）は，リサイクルしせつで原料化され，工場などで新しいせい品につくりかえられる。このように，一度使い終わったものを，回しゅうして，ふたたびしげんとして利用することをリサイクルという。

おもな，しげんになるごみのリサイクルの流れ

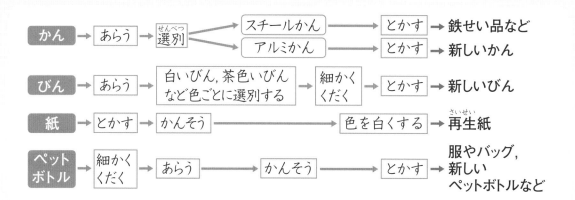

エコマークとグリーンマーク

●**エコマーク**…かんきょうを守るのに役立つとみとめられた商品につけられるマーク。リサイクルされた商品などについている。

●**グリーンマーク**…古紙を原料に利用したせい品であることをしめすマーク。再生紙でつくられたノートなどにつけられている。
→使い古した紙のこと。

▲エコマーク　　▲グリーンマーク

1 次の問題に答えましょう。

（1つ7点）

(1) しげんになるごみを，　　　から3つ選んで書きましょう。

（　　　　　）（　　　　　　）（　　　　　）

スチールかん　　自転車　　せともの　　新聞紙　　ペットボトル

(2) 一度使い終わったものを，回しゅうして，ふたたびしげんとして利用することを何といいますか。（　　　　　）

(3) 右のマークの名前を書きましょう。（　　　　　）

2 次の問題に答えましょう。

（1つ7点）

(1) 次の文章は，しげんになるごみのリサイクルについてまとめたものです。
①〜③にあてはまることばを，　　　から選んで書きましょう。

> かんは，①（　　　　　　　　）と②（　　　　　　　　　）に分け
> られ，①は鉄せい品などに，②は新しいかんになる。紙は，いったん
> とかされたあと，③（　　　　　　　　　）としてリサイクルされる。

　　アルミかん　　スチールかん　　古紙　　再生紙

(2) 次の①，②のマークの名前を書きましょう。

① 🌐 かんきょうを守るのに役立つとみとめられた商品につけられる
　　マーク。　　　　　　　　　　　　　　　　（　　　　　　　　）

② ♲ 決められた量（りょう）以上の古紙を原料（げんりょう）に利用したせい品であることを
　　しめすマーク。　　　　　　　　　　　　　（　　　　　　　　）

3 次の絵は，しげんになるごみをリサイクルしてできたせい品をあらわしています。
これを見て，あとの問題に答えましょう。

（1つ10点）

鉄せい品など	新しいびん	再生紙	服やバッグなど
		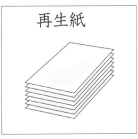	

(1) ペットボトルは，リサイクルされて，どれにつくりかえられますか。1
つ選んで書きましょう。　　　　　　　　　（　　　　　　　　）

(2) 鉄せい品などは何をリサイクルしたものですか。　　　　から選んで書き
ましょう。　　　　　　　　　　　　　　　（　　　　　　　　）

　　アルミかん　　スチールかん　　びん　　新聞紙

(3) 再生紙は，古紙からつくられています。決められた量（りょう）以上の古紙を使っ
たせい品につけられるマークを何といいますか。（　　　　　　　　）

24 ごみのしょ理と利用⑥

答え➡別冊解答7ページ

得点

100点

おぼえよう　下水しょ理のしくみ

家庭や工場などで使われて，よごれた水を**下水**という。下水は，**下水しょ理場**できれいにされ，川や海に流される。

└→「じょう化センター」ともよばれる。

〈下水しょ理場のはたらき〉

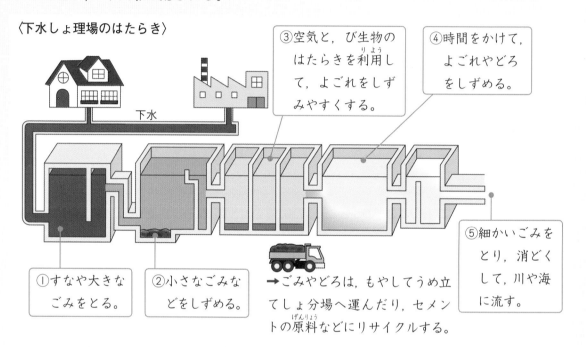

③空気と，び生物のはたらきを利用して，よごれをしずみやすくする。

④時間をかけて，よごれやどろをしずめる。

①すなや大きなごみをとる。

②小さなごみなどをしずめる。

➡ごみやどろは，もやしてうめ立てしょ分場へ運んだり，セメントの原料などにリサイクルする。

⑤細かいごみをとり，消どくして，川や海に流す。

---

1 下水しょ理について，次の問題に答えましょう。

（1つ11点）

（1）家庭や工場などで使われてよごれた水は，何というしせつできれいにされますか。　　　から選んで書きましょう。（　　　　　　　　　）

下水道　　下水しょ理場　　ダム　　じょう水場

（2）（1)できれいにされた水は，そのあとどうなりますか。　　　から正しいものを選んで書きましょう。　　（　　　　　　　　　　　　）

じょう水場へ送る。　　飲み水として，家庭に送る。　　川や海に流す。

② 次の下水しょ理場のはたらきをあらわした図を見て，あとの問題に答えましょう。

（1つ11点）

(1) 図中の㋐には，どこから水が送られてきますか。　　から選んで書きましょう。

（　　　　　　　）

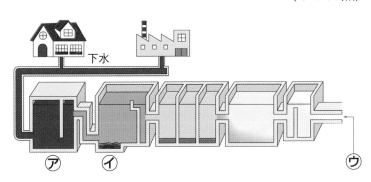

下水

㋐　　㋑　　㋒

じょう水場　　ダム　　家庭や工場

(2) 図中の㋑で取りのぞかれたごみやどろは，どうなりますか。　　から選んで書きましょう。（　　　　　　　）

ガラスの原料（げんりょう）にする。　　土に変（か）える。　　うめ立てしょ分場に運ぶ。

(3) 図中の㋒を通る水は，よごれた水ですか，きれいな水ですか。

（　　　　　　　）

③ 次の文章を読んで，あとの問題に答えましょう。

（1つ15点）

　家庭や工場などで使われてよごれた水は，（　①　）に送られます。そして，ごみやどろが取りのぞかれます。ごみやどろは，もやしてうめ立て地に運ばれます。きれいになった水は，（　②　）に流されます。

(1) ＿＿部の水を何といいますか。　　から選んで書きましょう。

（　　　　　　　）

上水　　下水　　水道水

(2) ①にあてはまることばを書きましょう。　　（　　　　　　　）

(3) ②にあてはまることばを，　　から選んで書きましょう。

（　　　　　　　）

ダム　　じょう水場　　川や海

25

ごみのしょ理と利用⑦

答え➡別冊解答7ページ

得点

100点

おぼえよう　大型（おおがた）のごみのゆくえ

大型のごみは，しげん化センターなどで，しょ理されたり，まだ使えるものは，
➡リサイクルセンターなど，地いきによって名前がちがいます。
しゅう理してはん売されたりする。

しょ理される場合

大型のごみ ➡ 再利用（さいりよう）できる部分を分ける。（もやせる部分は焼（しょう）きゃくしせつに運ばれる。） ➡ 〈例（れい）〉鉄の部分はリサイクルされる。
➡ とかしたあと，新しい鉄せい品などがつくられる。

しゅう理してはん売する場合

しゅう理され，リサイクルプラザなどのてんじ場ではん売される。このように，せい品を何度もくり返し使うことをリユースという。

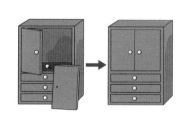

1 次の絵を見て，あとの問題に答えましょう。

（1つ8点）

自転車	ペットボトル	新聞紙	家具

(1) 大型（おおがた）のごみはどれですか。2つ選（えら）んで，書きましょう。

（　　　　　）（　　　　　）

(2) 自転車はしゅう理されて，ふたたびはん売されました。このように，せい品を何度もくり返し使うことを何といいますか。

（　　　　　）

2 大型のごみについて，次の問題に答えましょう。

(1つ8点)

(1) 次の①～④の文は，大型のごみがしょ理されるようすをあらわしています。正しく書かれている文には○を，まちがっている文には×を書きましょう。

① (　　　) 大型のごみをすてるときは，すきな場所にすててもよい。

② (　　　) 大型のごみは，すべて，もやしてしょ理される。

③ (　　　) 大型のごみは，再利用できる部分を分けてから，それぞれしょ理される。

④ (　　　) 大型のごみは，すべてうめ立てしょ分場に運んですてる。

(2) 次の⑦，⑦の文は，リサイクルとリユースのどちらを説明していますか。(　) にあてはまることばを書きましょう。

⑦ しゅう理するなどして，せい品を何度もくり返し使うこと。

(　　　　　　　)

⑦ 使い終わったものを，回しゅうして，ふたたびしげんとして利用すること。

(　　　　　　　)

3 次の図は，大型のごみのゆくえをあらわしています。これを見て，あとの問題に答えましょう。

(1つ7点)

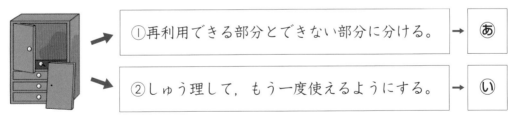

①再利用できる部分とできない部分に分ける。 → あ

②しゅう理して，もう一度使えるようにする。 → い

(1) あ，いにあてはまるものを，次の⑦～⑦からそれぞれ選んで，記号を書きましょう。　　あ (　　　) い (　　　)

⑦ はん売する。

⑦ 再利用できる部分を原料化して，別のせい品につくりかえる。

⑦ すべてもやしてしょ理する。

(2) ①，②は，それぞれ，リサイクルとリユースのどちらにあてはまりますか。(　) に書きましょう。

①(　　　　　　　) ②(　　　　　　　)

26 小まとめテスト

答え➡別冊解答7ページ

得点

100点

1 次の㋐〜㋓は，ごみを種類別に分けた表です。ごみのしょ理について，あとの問題に答えましょう。

（1つ5点）

㋐	㋑	㋒	㋓

(1) ㋐〜㋓は，それぞれどんな種類のごみですか。　　から選んで書きましょう。

㋐ (　　　　　　　　　) ㋑ (　　　　　　　　　)

㋒ (　　　　　　　　　) ㋓ (　　　　　　　　　)

　もえないごみ　　もえるごみ　　大型のごみ　　しげんになるごみ

(2) ごみを種類ごとに分けて出すことを何というか，書きましょう。

(　　　　　　　　　　)

(3) ごみのしょ理の説明について，①・②にあてはまることばを，　　から1つずつ選んで書きましょう。

　①(　　　　　　　　　) で集められたもえるごみは，
　②(　　　　　　　　　) に運ばれる。

　消防車　　ごみしゅう集車　　うめ立てしょぶん場　　清そう工場

(4) 次の①〜③にあてはまることばを，　　から1つずつ選んで書きましょう。

① 一度使ったものなどを，新しいせい品にしたり，つくりかえたりすること。

(　　　　　　　　　　)

② せい品をなおしたりして，何度も使うこと。(　　　　　　　　)

③ かんきょうを守るのに役立つとみとめられた商品についている。

(　　　　　　　　　　)

　リユース　　グリーンマーク　　エコマーク　　リサイクル

② 次の文章を読んで，あとの問題に答えましょう。

（1つ6点）

かんは，（ ① ）と（ ② ）に分けられ，①は鉄せい品などになり，②は新しいかんなどになります。紙は，工場でとかされたあと，（ ③ ）としてふたたび使われます。右のマークは決められた量以上の古紙の使用をしめすマークです。

(1) ①〜③にあてはまることばを，　　　　から選んで書きましょう。

① (　　　　　　　　) ② (　　　　　　　　) ③ (　　　　　　　　)

スチールかん　　アルミかん　　古紙　　再生紙

(2) 文章の右側のマークを何というか，書きましょう。
(　　　　　　　　)

(3) 右のマークの名前を書きましょう。
(　　　　　　　　)

(4) ごみをへらす取り組みに4Ｒというのがあります。そのうちの3つは「リフューズ」「リデュース」，「リユース」です。残りの1つは何か，書きましょう。　　　(　　　　　　　　)

③ 次の問題に答えましょう。

（1つ7点）

(1) 家庭や工場などで使われてよごれた水を何といいますか。　　　から選んで書きましょう。
(　　　　　　　　)

上水　　下水　　水道水

(2) (1)の水は，きれいにするために何というしせつに送られますか。　　　から選んで書きましょう。
(　　　　　　　　)

下水道　　下水しょ理場　　ダム　　じょう水場

答え➡別冊解答8ページ

得点

100点

27 水はどこから①

おぼえよう　わたしたちが使う水の量

水の使用量は昔にくらべてふえている。

水の使用量が変化した理由

●人口

水を使う人が多くなると，水の使用量もふえる。

●生活のようすの変化

水道のじゃ口をひねるとすぐ水が出るように，便利に水が使えるようになった。また，昔はなかった水せん便所や電気せんたく機が使われ，水を多く利用するようになった。今は技術が進み，水を節約するくふうも開発されている。

└→昔はいどで水をくんでいた

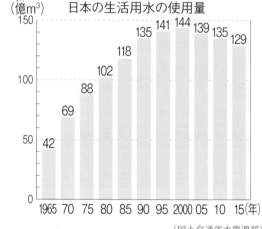

（億m³）日本の生活用水の使用量

150　135 141 144 139 135 129

118

102

88

69

42

1965 70 75 80 85 90 95 2000 05 10 15(年)

（国土交通省水資源部）

たて，横，高さが1mのよう器に入る量を1m³（立方メートル）という。1m³で1リットルの牛乳パック1000本分になる。

1m × 1m × 1m = 1リットル ×1000

---

1 右のグラフを見て，あとの問題に答えましょう。

（1つ5点）

(1) 2000年まで，水の使用量は，ふえていますか，へっていますか。

だんだんと（　　　　　　　　）。

(2) (1)の理由について，次の文の（　）にあてはまることばを，　　から選んで書きましょう。

［電気（　　　　　　　）などが使われて，水を多く使う生活に変化したため。］

そうじ機　　せんたく機

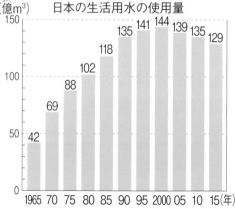

（億m³）日本の生活用水の使用量

150　135 141 144 139 135 129

118

102

88

69

42

1965 70 75 80 85 90 95 2000 05 10 15(年)

（国土交通省水資源部）

2 次の絵は，くらしの中での水の利用のようすをあらわしています。これを見て，あとの問題に答えましょう。

(1つ10点)

①

②

③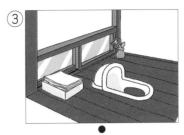

ア

イ

ウ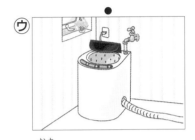

(1) 昔と今とで，同じ役わりをしているものの絵を線で結びましょう。

(2) 昔は水を使わなかったものの絵を，①～③から１つ選んで，記号を書きましょう。　　　　　　　　　　　　　　　　　　　　（　　　）

(3) ②の名前を書きましょう。　　　　　　　　（　　　　　　　）

3 右のグラフは，ある県の給水量と水を使う人口のうつり変わりをあらわしています。これを見て，あとの問題に答えましょう。

(1つ10点)

(1) いちばん給水量が多いのは何年ですか。　　　（　　　　　　　）

(2) 2010年の給水量は，1970年のおよそ何倍ですか。整数で書きましょう。

（およそ　　　　　　倍）

(3) (2)の理由について，次の文の①，②にあてはまることばを，　　からそれぞれ選んで書きましょう。

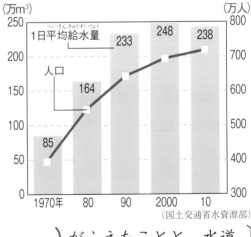

（国土交通省水資源部）

［　昔よりも，①（　　　　　　　　　　　　）がふえたことと，水道
　の発たつなど水を②（　　　　　　　　　）に変化したため。　］

水を使う人口　　あまり使わない生活　　多く使う生活

28 水はどこから②

答え➡別冊解答8ページ

得点

100点

おぼえよう 水が来る道

水がじゅんかんするようす

→①山にふった雨水は，森林にたくわえられる。

②森林から雨水が少しずつ流れて川や地下水となる。川の水はダムにたくわえられる。

③ダムから流れた水の一部は，取水ぜき（しゅすい）から取り入れられる。

④取り入れられた水は，じょう水場できれいにされる。

⑤きれいにされた水は，配水池（はいすいち）にためておき，家庭や学校などに送られる。

⑥使われてよごれた水は，下水しょ理場できれいにされて，川や海へと流される。

⑦川や海などからじょう発した水が雲をつくる。

└⑧雨がふる。

1 次の図は，水がじゅんかんするようすをあらわしています。図中の①～③にあてはまることばを，　　　から選んで書きましょう。 （1つ7点）

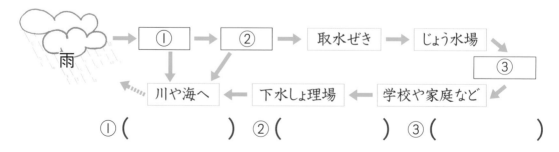

① （　　　　　　　） ② （　　　　　　　） ③ （　　　　　　　）

森林　　配水池　　ダム

2 次の絵は，水が運ばれるようすをあらわしています。これを見て，あとの問題に答えましょう。

（1つ6点）

(1) ⑦と①のしせつの名前を書きましょう。

⑦ （　　　　　　　）

① （　　　　　　　）

(2) ②はどのようなことをしていますか。　　か ら選んで書きましょう。

（　　　　　　　　　　　　　）

雨水をたくわえる。　　よごれた水をきれいにする。　　水を取り入れる。

(3) 川の水をせきとめて水をたくわえるしせつはどれですか。記号と名前を書きましょう。　　記号（　　　）　名前（　　　　　　　　　）

3 次の文章を読んで，あとの問題に答えましょう。

（1つ7点）

(1) 次の⑦〜⑰のはたらきをする場所やしせつを，　　　から選んで書きましょう。

⑦取り入れた水をきれいにする。……………………（　　　　　　　）

⑦山にふった雨水をたくわえ，少しずつ川に流す。‥（　　　　　　　）

⑦ダムから流れ出た水を取り入れる。………………（　　　　　　　）

①家庭や学校などで使われた水をきれいにして流す。……（　　　　　　　）

⑦川となって流れる水をたくわえる。………………（　　　　　　　）

⑰きれいにした水をためておく。……………………（　　　　　　　）

森林　　ダム　　下水しょ理場　　取水ぜき　　じょう水場　　配水池

(2) (1)の⑦〜⑰を，水が運ばれる順番どおりにならべかえて，記号を書きましょう。

（全部できて7点）

（　　　）→（　　　）→（　　　）→（　　　）→（　　　）→（　　　）

29 水はどこから③

答え➡別冊解答8ページ

得点

100点

おぼえよう　じょう水場のしくみ

じょう水場は，取水ぜきから取り入れた水のよごれやごみ，さいきんを取りのぞき，飲める水にして送り出すはたらきをしている。

→安全・安心にくわえて，おいしい水であることがもとめられている。

よごれやごみを取りのぞくしくみ

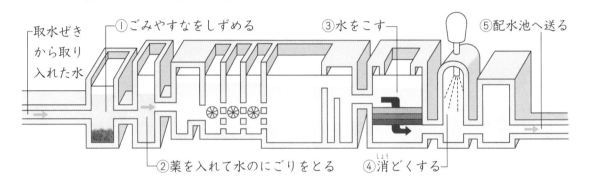

- 取水ぜきから取り入れた水
- ①ごみやすなをしずめる
- ③水をこす
- ⑤配水池へ送る
- ②薬を入れて水のにごりをとる
- ④消どくする

じょう水場で働く人たち

一日じゅう機械を動かしている。そのため，休みの日や夜でも交代で仕事をしている。おいしく安全な水を送るため，**水しつけんさ**を行っている。

1 次の問題に答えましょう。

（1つ6点）

(1) ダムから送られた水を，飲み水になるようにきれいにして送り出しているしせつを何といいますか。（　　　　　　）

(2) (1)のしせつのしくみをあらわした次の図中の，①〜③にあてはまることばを，　　　から選んで書きましょう。

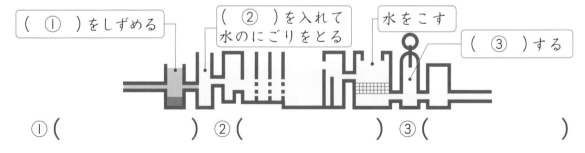

- （　①　）をしずめる
- （　②　）を入れて水のにごりをとる
- 水をこす
- （　③　）する

①（　　　　　） ②（　　　　　） ③（　　　　　）

ごみやすな　消どく　もやす　はい　こす　薬　木

2 次の問題に答えましょう。

（1つ6点）

(1) 次の文のうち，じょう水場が水をきれいにするようすとして正しいものには○を，まちがっているものには×を，（　）に書きましょう。

① （　　　）大きなごみだけを取りのぞいて，水を送り出す。

② （　　　）時間がたてば，水はきれいになるので，何もせず，じっと待っている。

③ （　　　）小さなよごれも取りのぞき，安全な水をつくっている。

④ （　　　）水を送り出す前に，水を消どくして，ばいきんをころす。

(2) じょう水場できれいになった水は，どこへ送られますか。　　　から選んで書きましょう。（　　　　　）

　ダム　　下水しょ理場　　森林　　取水ぜき　　配水池
　　　　　　　　　　　　　　　しゅすい　　はいすいち

(3) じょう水場で働く人について，次の文の（　）にあてはまることばを，　　から選んで書きましょう。

［　水が安全かどうかを調べる，（　　　　　　　　　）を行っている。　］

　水量けんさ　　水しつけんさ　　水深けんさ
　すいりょう

3 右の絵は，じょう水場のしくみをあらわしています。これを見て，あとの問題に答えましょう。

（1つ8点）

(1) ⑦〜⑨の役わりを，　　からそれぞれ選んで書きましょう。

⑦ （　　　　　）

⑦ （　　　　　）

⑨ （　　　　　）

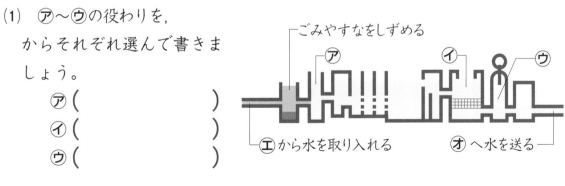

　消どくする　　水をこす　　水のにごりをとる

(2) 図中の①，⑦にあてはまるしせつの名前を書きましょう。

①（　　　　　　　）⑦（　　　　　　　）

30 水はどこから④

答え➡別冊解答9ページ

得点

100点

おぼえよう ダムと水げん林

ダムのはたらき

ダムは，川をせきとめて，**水をためておく**所。下流の川の水が少ないときには，水を流して，**川の水の量を調節**している。

◀ダムのようす
ダムは水不足やこう水をふせいでいる。

水げん林のはたらき

水げん林は，川の上流にあ
└→「緑のダム」ともいう
り，ダムのように雨の水をたくわえて，**少しずつ流すはた**らきをする森林。流れ出た水は，集まって川となる。

➡森林がないと，ふった雨はすぐにじょう発したり，川に流れ出てしまう。また，土しゃくずれが起きやすくなる。

▼水げん林のはたらき

森林のある所　　森林のない所

水げん林

雨水は,すぐに流れてしまう。

雨水は,少しずつ流れ出る。

1 次の問題の答えを，　　から選んで書きましょう。

（1つ10点）

(1) ふった雨をたくわえて，少しずつ流すはたらきをしている森林を何といいますか。　　（　　　　　　）

(2) (1)の森林から少しずつ流れ出た水は，集まって何になりますか。　　（　　　　　　）

(3) 川の水をためておいて，川の水の量を調節しているしせつを何といいますか。　　（　　　　　　）

ダム　　川　　水げん林　　配水池

2 次の問題に答えましょう。

(1つ10点)

(1) 次の文はダムについて書かれています。（　）にあてはまることばを，　　から選んで書きましょう。

> 　ダムは，川をせきとめて，（　　　　　　　　　）所で，下流の川の水の量を調節している。

水をきれいにする　　水をためておく

(2) 次の文章の①〜③にあてはまることばを，　　から選んで書きましょう。

> 　川の①（　　　　　　　　　　）にある森林は，雨水をため，水を②（　　　　　　　　　）流すはたらきをもっている。このような森林は，③（　　　　　　　　　）とよばれ，そのはたらきから「緑のダム」ともよばれる。

上流　　下流　　いっきに　　少しずつ　　ダム　　水げん林

3 右の絵を見て，あとの問題に答えましょう。

(1つ10点)

(1) ㋐は，水をせきとめて，ためておくためのしせつです。このしせつの名前を書きましょう。
　　　　（　　　　　　　）

(2) ㋐はどんな水をためておく所ですか。　　から選んで書きましょう。
（　　　　　　　　　）

海の水　　川の水　　くらしで使われた水

(3) 川の上流にあり，㋐のようなはたらきをする森林を何といいますか。
　　　　　　　　　　（　　　　　　　）

答え➡別冊解答9ページ

得点

100点

31 水はどこから⑤

おぼえよう　かぎりある水のために

くらしの中での節水

水をできるだけ節約して，使う量をへらすくふうをする。

〈節水の例〉

水を出しっぱなしにしない。

- 歯をみがくときはコップに入れた水を使う。
- せんたくはおふろの残り湯を使う。
- 食器をあらうときは，こまめに水を止める。
- 体をあらうときは，お湯を止める。

水げん林を守る

- 水げん林は手入れをしないと，土が流され，木の生育が悪くなる。木が育たないと，水をたくわえるはたらきが弱くなってしまう。
  →水げん林の手入れをすることが大事。多くの人の協力が必要になる。

川の水をきれいにする「水かんきょう」が大切

- 川原のごみをひろったり，きたない水が流れこむのをふせいだりして川をきれいにする。→きれいな水を使うことができるようになる。

1 次の㋐〜㋓のうち，節水をしているようすとして正しいものには○を，まちがっているものには×を，（　）に書きましょう。

（1つ10点）

㋐体をあらうときに，お湯を出しっぱなしにする。

㋑おふろの残り湯でせんたくする。

㋒こまめに水を止めて，あらいものをする。

㋓水を出しながら歯をみがく。

（　　）　　　（　　）　　　（　　）　　　（　　）

2 水を守る努力について，次の問題に答えましょう。

（1つ10点）

(1) 水を守るためには，水げん林を守ることが大切です。水げん林を手入れしないとどのようなことがおこりますか。次の文の（　）にあてはまることばを，　　　　から選んで書きましょう。

> 水げん林を手入れしないと，（　　　　　　　　　　）はたらきが弱くなってしまう。

水をたくわえる　　　水を流す　　　土を流す

(2) 「水かんきょう」を守るためには，川の水をきれいにすることが大切です。川の水をきれいにする活動として正しいものを，　　　　から選んで書きましょう。
（　　　　　　　　　　　　　　　　　）

川にせんざいを流す。　　　川原のごみをひろう。　　　家庭で使った水を，川に流す。

3 次の文章を読んで，あとの問題に答えましょう。

（1つ10点）

> くらしの中での節水は，わたしたちにもできる水を守る活動の一つです。また，（　①　）の水をきれいにしたり，（　①　）の上流にある（　②　）の手入れをしたりすることも大切です。

(1) ＿＿部の例として正しいものを，次の⑦〜①から２つ選んで，（　）に○を書きましょう。
　⑦（　　　）歯をみがくときには，水を出しっぱなしにしない。
　①（　　　）おふろに入ったあとは，残ったお湯をすぐにすてる。
　⑦（　　　）食器はできるだけ早くあらうため，水を流しながらあらう。
　①（　　　）体をあらっているときには，シャワーのお湯を止める。

(2) （①），（②）にあてはまることばを，　　　　から選んで書きましょう。
①（　　　　　　　）②（　　　　　　　）

海　　　川　　　水げん林　　　下水道

32 電気やガスの利用①

答え➡別冊解答9ページ

得点

100点

おぼえよう　電気の利用

電気がとどくまで

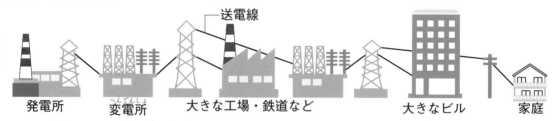

送電線

発電所　変電所　大きな工場・鉄道など　大きなビル　家庭

●日本のおもな発電

	火力発電	水力発電	原子力発電
しくみ	ものをもやしてできる熱で発電	水の流れる力で発電	ウランねん料を利用した熱で発電
ねん料など	石炭・石油・天然ガス	（ダムにたまった水）	ウランねん料
特ちょう	しせつをつくりやすい。発電量を調整しやすい。二酸化炭素が発生する。	ダムをつくるとき，まわりのかんきょうにえいきょうをあたえる。	ねん料やはいき物の取りあつかいがむずかしい。事故が起きたときのえいきょうが大きい。二酸化炭素が発生しない。
発電量（百万 kWh）	861518	90128	31278

➡火力発電がさかんなことがわかる。(2017年度)

1 次の問題に答えましょう。

（1つ10点）

(1) 石炭や石油，天然ガスをもやして，その熱を利用して，電気をつくることを何といいますか。　　　　　　　（　　　　　　　）

(2) 電気をつくるしせつでつくられた電気を，工場や家庭に送る線を何といいますか。　　　から選んで，書きましょう。　　　（　　　　　　　）

水道管　等高線　送電線

2 右の写真を見て，次の問題に答えましょう。

（1つ8点）

(1) 写真のようなしせつを利用して，電気をつくることを何といいますか。　（　　　　　　）

(2) (1)の発電方法の特ちょうとして正しいものには○を，あやまっているものには×を書きましょう。

① （　　　） 水が不足すると，発電できないことがある。

② （　　　） 発電するときに，二酸化炭素が発生する。

③ （　　　） 自然の水を利用するので，しせつをつくるときあまりお金がかからない。

(3) 右のグラフは，発電の種類による発電量です。(1)の発電方法にあてはまるものを選んで，記号で答えましょう。　（　　）

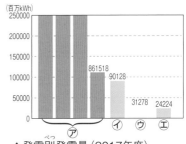

▲発電別発電量（2017年度）
（2019/20年版「日本国勢図会」）

3 次の文章を読んで，あとの問題に答えましょう。

（1つ10点）

> ウランをねん料として電気をつくる（　①　）は，温だん化の原因の一つである（　②　）は発生しないものの，そのしせつをつくるにはばく大な費用がかかる。また，一度事故がおきると，大きなひ害をもたらし，そのひ害が長期間にわたる。

(1) ①にあてはまる，発電の種類を書きましょう。　（　　　　　　）

(2) ②にあてはまることばを，　　　から選んで書きましょう。
　　　　　　　　　　　　　　　　　　　　　（　　　　　　）

二酸化炭素　　天然ガス　　有害なガス

(3) 次の文章は，電気が家庭にとどくまでの説明です。　　からことばを選んで書きましょう。

> 発電所でつくられた電気は，①（　　　　　　）を使って，家庭や工場に送られます。その際，②（　　　　　　）や柱上変圧器で，家庭や工場で使えるように調整されます。

送電線　　エナメル線　　変電所　　清そう工場

33 電気やガスの利用②

答え➡別冊解答9ページ

得点

100点

おぼえよう　ガスの利用

天然ガスがとどくまで

> 液化ガスの保管のほか，ガスににおいをつけたり，ガスにもどしたりする。

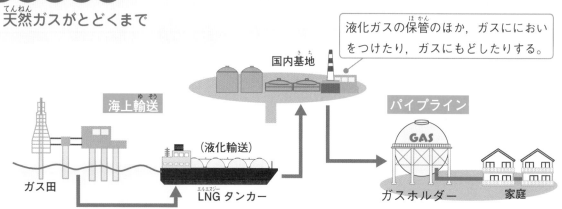

海上輸送　国内基地　パイプライン

（液化輸送）

ガス田　LNG（エルエヌジー）タンカー　ガスホルダー　家庭

天然ガス（都市ガス）の利用

天然ガスはよくもえるガスで，わたしたちが家庭で使う**都市ガス**や火力発電に使われる。最近では自動車のねん料としても使われている。

→天然ガスをもやしたときに出る二酸化炭素の量は石炭の約半分，その他の温だん化にえいきょうするガスもたいへん少なく，クリーンなエネルギーと考えられている。

天然ガスはどこから

日本では，ほとんどの天然ガスを外国から買っている。

→天然ガスを日本に運んでくるときには，ガスを冷やして体積を小さくして運ぶ（液化天然ガス：LNG（エルエヌジー））。

→国内基地でガスにもどし，安全のためにガスににおいをつけて，**ガス管**を通して，工場や家庭に送られる。

→**ガスホルダー**…ガスを送るとちゅうにある，ガスを一時ためておくしせつ。

→ガス会社（指令センター）では，ガスが正しく送られているか，24時間交代で見守っている。

●都市ガスのほかに，ガスボンベを使う**LPガス（エルピー）**も使われている。

〈日本が天然ガスを買っている国〉

カタール　ロシア　アメリカ合衆国　オマーン　ブルネイ　ナイジェリア　マレーシア　インドネシア　パプアニューギニア　アラブ首長国連邦　オーストラリア

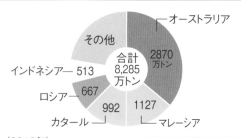

その他　オーストラリア 2870万トン　合計8,285万トン　インドネシア—513　ロシア—667　カタール　992　1127　マレーシア

（2018年）　（2019/20年版「日本国勢図会」）

▶LPガス

① 次の問題に答えましょう。

（1つ12点）

(1) 次の文にあてはまることばを, 　　　　　から選んで書きましょう。

　① わたしたちが家庭で調理などに使う都市ガスは, (　　　　　　　　)
ガスです。

　② ①のガスは, もやしたときに出る (　　　　　　　) が, 石炭などに
くらべると少なく, クリーンなエネルギーといわれています。

自然（しぜん）　天然（てんねん）　二酸化炭素（にさんかたんそ）　水

(2) 右の写真は, 都市ガスのもととなるガスを運ぶ船のようすです。あては
まることばを, 　　　　　から選んで書きましょう。

　┌　① (　　　　　　　　　　) というこの船は,
　│　ガスを② (　　　　　　　　), 体積（たいせき）を小
　└　さくして運ぶ。

LNG（エルエヌジー）タンカー　フェリー　冷（ひ）やして　温めて

② 次の文章を読んで, あとの問題に答えましょう。

（1つ13点）

> 都市ガスのもとになる (　①　) のほとんどを, <u>日本は外国から買っ
> ています</u>。①はクリーンなエネルギーで, 都市ガスのほか, (　②　)
> や (　③　) のねん料（りょう）としても使われます。

(1) ＿＿＿部について, 日本が (①) を最（もっと）も多く買っている国はどこか, 下の
グラフから読み取って書きましょう。　　　　(　　　　　　　　　)

(2) ①～③にあてはまることばを,
　　　　　から選んで書きましょう。

　　　① (　　　　　　　　　)
　　　② (　　　　　　　　　)
　　　③ (　　　　　　　　　)

天然ガス　二酸化炭素　自動車　発電

▼日本が (①) を買っている国

オーストラリア 2870万トン
合計 8,285万トン
その他
インドネシア― 513
ロシア― 667
カタール― 992
マレーシア 1127

(2018年)

（2019/20年版「日本国勢図会」）

34 電気やガスの利用③

おぼえよう　再生可能エネルギー

自然の力を利用した発電

　火力発電・原子力発電のほかに，自然の力を利用した発電が行われている。

　火力発電のねん料の石炭・石油・天然ガスはとれる地いきがかぎられているばかりでなく，とれる量にもかぎりがある。そこで，使ってもなくならない水力・風力・太陽光・地熱などのエネルギーを利用する発電が世界の国々で取り組まれている。

➡水力・風力・太陽光・地熱などのエネルギーを再生可能エネルギーとよぶ。

➡再生可能エネルギーは，温だん化をもたらす二酸化炭素を出さない。

- **太陽光発電**…広い土地や屋根にパネルを置いて発電することも行われている。

- **風力発電**…風の力で発電する。最近では海上に風車を立てて発電することも行われている。

- **地熱発電**…火山の地熱で生まれる水じょう気の力で発電する。日本では早くから取り組まれている。

- **バイオマス発電**…木のくずやごみをもやすときの熱を利用して発電する。

▼種類別発電量のうつりかわり

（2019/20年版「日本国勢図会」）

▲太陽光発電　　▲地熱発電

▲風力発電

1 次の説明にあてはまる発電の種類を，　　から選んで書きましょう。

（1つ10点）

(1)　大きな風車を立て，風車が回る力で電気をつくる。

（　　　　　　　）

(2)　火山の多い日本では，早くから取り組まれていた方法で，火山が生み出すじょう気の力を利用して，電気をつくる。

（　　　　　　　）

太陽光発電　　風力発電　　バイオマス発電　　地熱発電

2 右のグラフについて，次の問題に答えましょう。

（1つ10点）

(1) グラフ中の地熱発電，風力発電，太陽光発電のうち，最も発電量がのびたものはどれですか。

(　　　　　　　　)

▲種類別発電量のうつりかわり

(2019/20年版「日本国勢図会」)

(2) 水力・風力・太陽光・地熱は使ってもなくならないことから，何とよばれるか，書きましょう。

(　　　　　エネルギー)

(3) (2)のエネルギーに共通する特ちょうは何でしょう。 　から選んで書きましょう。

(　　　　　　　　　　　)

とれる地いきがかぎられている 　 二酸化炭素を出す 　 二酸化炭素を出さない

3 次の3つの写真についての文章を読んで，あとの問題に答えましょう。

（1つ10点）

(1) ㋐〜㋒の発電の名前を書きましょう

㋐ (　　　　　　) ㋑ (　　　　　　) ㋒ (　　　　　　)

(2) ㋐〜㋒の発電について，正しいものを2つ選び（ ）に○を書きましょう。

① (　) ㋐の発電所は，日本ならどこにでもつくることができる。

② (　) ㋑の発電には，パネルが必要である。

③ (　) 最近では，海上に㋒の風車を立てて発電する取り組みが見られる。

④ (　) どの発電も天気などに関係なく，一定量の電気をつくることができる。

35

小まとめテスト

答え➡別冊解答10ページ

得点

100点

1 右の絵を見て，次の問題に答えましょう。

（1つ6点）

(1) 次の説明をもとに，㋐，㋑にあてはまることばを，　　から選んで書きましょう。

㋐雨をためる役わり。

（　　　　　）

㋑川の水の量の調整。

（　　　　　）

　　ダム　　水げん林　　川　　取水ぜき

(2) ㋒のじょう水場は，どのようなはたらきをするしせつですか。　　から選んで書きましょう。（　　　　　　　　　　　）

　　川から取り入れられた水をきれいにする　　水を家庭や学校へ送る前にためておく

(3) ㋓は家や学校で使われてよごれた水を，きれいにして流すしせつです。これを何というか，書きましょう。（　　　　　　　）

2 次の文のうち，火力発電にあてはまるものは㋐，水力発電にあてはまるものは㋑，原子力発電にあてはまるものは㋒を書きましょう。

（1つ6点）

① ねん料をもやしてその熱を利用して発電する。（　　　　　）

② 雨がふらない日が続くと発電できなくなるおそれがある。

（　　　　　）

③ ねん料のウランのすべてを外国にたよっている。（　　　　　）

④ 日本では最も電力を生み出している発電方法である。（　　　　　）

⑤ 発電が終わったあとのはい気物のしょ理がむずかしい。

（　　　　　）

3 電気とガスについて，次の問題に答えましょう。

（1つ6点）

(1) 家庭で使われる都市ガスの原料は何か，答えましょう。
　　　　　　　　　　　　　　　　（　　　　　　　　　）

(2) ⑦は都市ガスを家庭や学校などに送るときに使われます。これは何か，書きましょう。（　　　　　　　　　）

(3) ⑦はガスを一時的にためるしせつです。何というか，書きましょう。　　　　　　（　　　　　　　　　）

(4) 右の絵は，電気を送る道をしめしています。⑦・⑧のしせつを，　　　　から選んで書きましょう。

⑦ （　　　　　　　）⑧ （　　　　　　　）

へん
変電所　　　送電線　　　水道管　　　消防しょ
　　　　　　　　　　　　　かん　　　しょうぼう

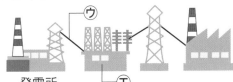
発電所

4 次の文を読んで，あとの問題に答えましょう。

（1つ4点）

> 水・天然ガスなど，人が生活したり，なにかをつくるもととなるものをしげんといいます。たとえば水は飲むだけでなく，あらったり，冷やしたりすることに使います。しげんによっては，ほとんどを外国にたよっているものもあります。どのしげんも大切に使うことが重要です。

(1) 次の文は天然ガスの説明です。あてはまることばを，　　　　から選びましょう。

天然ガスは，①（　　　　　　　　　）ガスで，もえたときは，石炭などにくらべて②（　　　　　　　　　）を出さず，かんきょうにやさしいといわれています。

よくもえる　　　あまりもえない　　　二酸化炭素　　　酸素
　　　　　　　　　　　　　　　　　　にさんかたんそ

(2) しげんを大切に使っている取り組みを2つ選び，（　　）に○をつけましょう。

①（　　）地元の川のそうじに参加する。
　　　　　　　　　　　　さんか

②（　　）おふろのおいだき機のうを，ひとばん中つけておく。
　　　　　　　　　　　　き

③（　　）山にある森林を管理する。
　　　　　　　　　　かんり

36 単元のまとめ

答え➡別冊解答10ペー

得点

100点

1 右の表は，ある町のごみのしゅう集日をしめした表です。これを見て，あとの問題に答えましょう。

（1つ6点）

（1）①〜③のごみは，どの曜日に出しますか。右の表を見て，（　）に曜日を書きましょう。曜日を2つ書くものもあります。

① 生ごみ　　　（　　　　　　　　）

② 金ぞく　　　（　　　　　　　　）

③ ペットボトル　（　　　　　　　　）

[お知らせ]

ごみの種類	しゅう集日
もえるごみ	**火・金**
もえないごみ	**水**
しげんに なるごみ	**月**
大型のごみ	

（2）ごみのしゅう集について，□□□にあてはまるものを，次の⑦〜⑨から1つ選んで，（　）に記号を書きましょう。　　　（　　　　）

⑦ もえないごみの日にいっしょに出してください。

⑦ 受付センターにれんらくしてください。

⑨ 自分でもやしてください。

（3）もえるごみは，焼きゃくしせつでもやされます。そのときに出るじょう気や熱を利用してつくっているものを，　　　から選んで書きましょう。

（　　　　　　　　　）

ガス　　電気　　はい

2 次の問題に答えましょう。

（1つ5点）

雨 → 森林 → ダム → 取水ぜき → | 配水池 → 学校や家庭など →
じょう水場 → | 下水しょ理場

上の図は，水の運ばれるようすをあらわしています。次の①〜④のはたらきをするところを，図の中からそれぞれ選んで書きましょう。

① 川の水がたくわえられる。　　　　（　　　　　　　　）

② 山にふった雨水を地中にたくわえる。（　　　　　　　　）

③ 使われた水をきれいにして流す。　　（　　　　　　　　）

④ 川から取り入れられた水をきれいにする。（　　　　　　　　）

③ 次の絵は，電気が家庭にとどくまでのしせつをしめしています。これを見て，あとの問題に答えましょう。

（1つ5点）

(1) ⑦は，ねん料をもやして電気をつくるしせつです。これを何というか，漢字5文字で書きましょう。

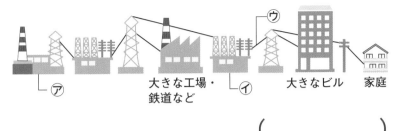

大きな工場・鉄道など　　大きなビル　家庭

（　　　　　　　）

(2) ⑦，⑨にあてはまることばを，　　からそれぞれ選んで書きましょう。

⑦（　　　　　）⑨（　　　　　）

じょう水場　　変電所　　送電線　　水道管

(3) 風力や太陽光などを使って電気をおこすことがあります。この風力や太陽光のようなエネルギーを何というか，　　から選んで書きましょう。

（　　　　　　　　　　）

再生可能エネルギー　　原子力エネルギー

④ 次の文章を読んで，あとの問題に答えましょう。

（1つ10点）

わたしたちが使う都市ガスのもとは，天然ガスです。天然ガスは，外国から液体の形で日本に運ばれ，日本でガスにもどして，（　①　）を通って，工場や家庭に送られます。右の写真は，ガスを一時的にためておく（　②　）です。

(1) ①，②にあてはまることばを，　　から選んで書きましょう。

①（　　　　　）②（　　　　　）

ボンベ　　ガス管　　ガスホルダー　　配水池

(2) 天然ガスは，都市ガスのほかにも使われます。あてはまらないものを，　　から選んで書きましょう。

（　　　　　　　）

原子力発電　　自動車のねん料　　火力発電

4R（アール）ってなんだろう？

　わたしたちは，1日にどれくらいごみを出しているか，知っていますか？1人あたりおよそ925gです。だいたい，1Lの水より少し軽い重さのごみをすてています。これは，日本全体で，1年間で東京ドーム110杯以上のごみをすてていることになります。今，ごみをへらすことは，とても大切な問題なのです。

　ごみをへらすための3Rは，きいたことがあるでしょう。Reduce（ごみを出さない）（リデュース），Reuse（リユース）（もう一度使う），Recycle（リサイクル）（もう一度しげんにもどして，使えるようにする）の頭文字を合わせたものです。いま，この3RにもうひとつRを加えた，4Rの活動が広まっています。さて，もう一つのRとは？　Refuse（リフューズ）です。

　Refuseはごみになるものは「もらわない」，「ことわる」という取り組みです。

リフューズ	➡	リデュース

（Refuse）

　マイバッグを用意して，レジぶくろはもらわない。わりばしを使わないで，自分のはしを使う，など。

レジぶくろ　マイバック

わりばし　自分のはし

4つのRには，取り組みのじゅん番があるよ。

キーワードは4R

（Reduce）

　シャンプーなどは，つめかえ用のものを買う。せい品をつくるとき，あとに出るごみが少なくなるくふうをする，など。

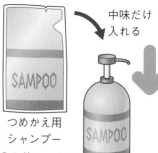

中味だけ入れる

つめかえ用シャンプー
→入れ終わったら，小さくたたんですてる。

リサイクル		リユース

（Recycle）

　使い終わったものを，もう一度しげんにもどして，せい品をつくる。

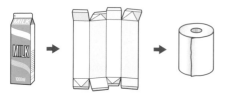

飲み終えた牛にゅう　パックを開けてあらいかんそうさせる。　回しゅうして別のものに

（Reuse）

　一度使ったものをごみにしないで，何度も使うようにする。

牛乳　牛にゅう

ビンはあらってまた使う。

★ごみゼロをめざして

　多くの市町村，都道府県では，ごみは分別してしゅう集されます。しげんになるごみの多くはリサイクルされます。リサイクルされるわりあいが多いものは，アルミかんとスチールかんです。どちらも，そのほとんどがリサイクルされて，もう一度アルミかんやスチールかんになったり，別のせい品になったりします。ガラスびんやプラスチック，古紙，自動車，家電せい品，けいたい電話などもリサイクルされています。

★リサイクルのながれ

　アルミかんからもう一度アルミをつくるときに必要なエネルギーは，ボーキサイトという鉱石からアルミをつくるときのエネルギーの30分の1ですみます。ボーキサイトは，日本ではとれませんから，リサイクルすることでお金とエネルギーを節約することになるのです。

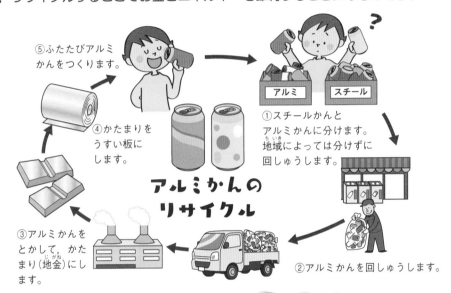

⑤ふたたびアルミかんをつくります。

④かたまりをうすい板にします。

③アルミかんをとかして，かたまり(地金)にします。

アルミかんのリサイクル

①スチールかんとアルミかんに分けます。地域によっては分けずに回しゅうします。

②アルミかんを回しゅうします。

考えてみよう

　4Rの取り組みにはじゅん番がありました。リフューズ➡リデュース➡リユース➡リサイクルのじゅんでした。では，なぜこのじゅん番がよいのでしょう。リサイクルが最後になっているのは，なぜだと思いますか。あなたの考えを書きましょう。

●答えは1つだけではありません。下の例を参考にして，あなたの考えを書きましょう。

【例】　リフューズはごみになるものは「ことわる」「家にもちこまない」，リデュースは「へらす」，リユースは「くり返し使って」ごみにするのをおそくする。この3つはごみを出さないこころがけ，リサイクルはごみに出したものをしげんにもどすことで，自分ではできない。だから，これが最後の方ほうになっているのだと思う。

37 地震からくらしを守る①

おぼえよう　地震とひ害（静岡県の場合）

地震が起きると

▲1978年の地震のひ害

- 地震のひ害…建物がこわれる，道路のひびわれ，がけくずれ，火事，ガス・水道・電気が使えないなど。
- 海の下が震源の場合，**津波**が発生することもある。
- 建物がこわれるなどして，くらしが成り立たなくなる。
  ➡**ひなん所での生活**…せまいところで多くの人が生活する。
- 道路が通れなくなることがある。
  ➡助けがくる，にげるまでに時間がかかる。
- 大きな地震のときには，**自衛隊**などが出動することが多い。

しょう来大きな地震が予想される地いき

南海地震　東海地震　東南海地震　南海トラフ巨大地震　南海トラフ

▼1978年の自衛隊の出動

1 次の問題に答えましょう。

（1つ10点）

（1）大きな地震によるひ害を，　　　　　の中から2つ選びましょう。

（　　　　　）（　　　　　）

火事　　雷　　たつまき　　暴風雨　　津波

（2）地震の説明文を読み，（　）に入ることばを，　　　　から選んで書きましょう。

> 　大きな地震が起こると，建物がこわれたり，道路がひびわれたりする。それにより，①（　　　　　　　　）が来るまでに時間がかかることもある。また，人々は②（　　　　　　　　）でくらさなければならなくなるなど，不自由な生活をしいられることもある。

助け　　観光客　　ひなん所　　あたらしい家

2 右の写真を見て，次の問題に答えましょう。

（1つ10点）

(1) 写真は1978年の地震のあとのようすです。写真から読み取れるようす
として，正しいもの2つに○を書きましょう。

① （　　　） 建物がかたむいている。

② （　　　） 火事が起きている。

③ （　　　） 道路がくずれている。

④ （　　　） 水が流れている。

(2) 大きな地震が起こったときに出動し，救助活動をしたり，かりに住める場所をつくるなどをして，人々を助ける機関を書きましょう。

（　　　　　　　　　　　　　）

3 次の文章を読んで，あとの問題に答えましょう。

（1つ10点）

> 静岡県は，近いしょう来大きな地震が起きると予想される地いきに入っています。この160年ほどの間に，（　①　）回の大きな地震がありました。
>
> 海に面した地いきでは，（　②　）のひ害も予想されます。

起きた年	さい害名・さい害の内よう
1854年	安政東海地震
1930年（昭和5）	北伊豆地震
1944年	東南海地震
1974年	伊豆半島沖地震
1978年	伊豆大島近海地震
2009年（平成21）	駿河湾を震源とする地震

(1) ①にあてはまる数字を書きましょう。

（　　　　　　　　　　　　　）

(2) ②にあてはまることばを，　から選んで書きましょう。（　　　　　　　　）

こう水　　がけくずれ　　津波

(3) さい害がおきたときに，人々が一時的に集まって生活する安全な場所を何といいますか。

（　　　　　　　　　　　　　）

答え➡別冊解答11ペー

38 地震からくらしを守る②

得点

100点

おぼえよう　家庭や学校の地震のそなえ

地震にそなえて

● **家庭でのそなえ**

　➡家具がたおれないように，対さくする。

　➡家の中の安全な場所のかくにん。

　➡ひなん用リュックのじゅんび。

　➡地震が起きたときにそなえて，家族で決めること。

　・エレベーターは使わない。はなればなれになっ

　　たときに落ち合う場所を決める。

　・災害用伝言ダイヤル（171番）でのれんらく。

● **学校でのそなえ**

　➡定期的にひなん訓練を行う。

　➡**地震体験車**で大きな地震を体験する。

　➡本箱などの転とう防止対さく。

　➡きん急の場合の食料をそなえる。（**防災倉庫**）

　・食料，毛布，トイレなど地いきの防災にそなえる。

　・管理するのは，国・県，または地いき。

　➡大きい地震のあとは，小学生を一人では帰さな

　い。（家族のむかえが必要）

● **通学路に見られるそなえ**

　➡公園などは，ひなん場所になっていることが多い。また，防災倉庫をそなえる。

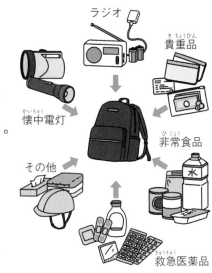

ラジオ

貴重品

懐中電灯

非常食品

その他

救急医薬品

水

▲ひなん用リュックに用意するもの（例）

志木市　防災備蓄倉庫　宗岡小

志木市　防災備蓄倉庫　宗岡小

▲学校内の防災倉庫

---

1 次の問題にあてはまるものを，　　　から選んで書きましょう。

（1つ10点）

(1) 大きな地震にそなえて，定期的に学校で行うひなんの練習を何といいますか。

（　　　　　　　　　）

(2) 伝言を残しておける171番の番号を何といいますか。

（　　　　　　　　　）

防災倉庫　　災害用伝言ダイヤル　　ひなん訓練

② 次の問題に答えましょう。

(1つ10点)

(1) 右の写真の車は，何に使われますか。
　　　　から選んで書きましょう。

（　　　　　　　　　　　　　）

動く防災倉庫　　地震を体験（たいけん）する車

(2) 次の地震へのそなえのうち，家庭でのそなえには㋐を，学校でのそなえには㋑，家庭でも学校でも行うものは㋒を書きましょう。

① 物がたおれたり，落ちたりしないように対さくする。（　　　　）

② 家の中の安全な場所をかくにんしておく。（　　　　）

③ 家族が集まる場所を決めておく。（　　　　）

④ 防災倉庫をそなえておく。（　　　　）

③ 次の文章を読んで，あとの問題に答えましょう。

(1つ10点)

> 大きな地震のときにどうするかを，家族で話しました。わたしの家は7階（かい）なのですが，地震のときには（　①　）は使わないように言われました。外でメールや電話が使えなくなったとき，伝言を残せる番号があることを知りました。
>
> 　もし，家族とはなれてしまった場合，通学路のとちゅうにある（　②　）になっている公園に，集まることにしました。

(1) ①にあてはまることばを，　　　から選んで書きましょう。

（　　　　　　　　　　　　　）

エレベーター　　かい中電灯（でんとう）　　けいたい電話

(2) ＿＿部の番号とは何番ですか。数字を書きましょう。（　　　　）

(3) ②にあてはまることばを，　　　から選んで書きましょう。

（　　　　　　　　　　　　　）

ひなん場所　　防災倉庫　　集会場所

39

地震からくらしを守る③

得点

100点

おぼえよう　市や県の取り組み（浜松市の場合）

市の防災計画

　市では，地震などの災害にそなえて，さまざまなことを決めている。じょうほうを伝達する方法や，消防・けいさつの消火や救助の方法，住民のひなんの仕方などをしっかり計画している。

● 津波ひなんビルの指定

　➡市が海に面しているので，地震のあとの津波にそなえ，多くのビルを津波ひなんビルに指定。

　• 津波ひなんビルのマークは，東日本大震災のあとにつくられ，活用されている。

▲津波ひなんビルのマーク

● 津波を防ぐための**防潮堤**のけんせつ。

● ひなん情報をまとめたパンフレットを市民に配る。

● 県や国，自衛隊との連けいなどについても，**防災計画**に定めている。

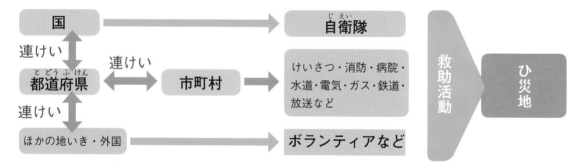

▲災害時の連けいの例

1　次の問題に答えましょう。

（1つ20点）

(1)　地震などの大きな災害に対して，ひなんや消防などについて市が細かく定めているものを何といいますか，　　　　　から選んで書きましょう。

　　パンフレット　　防災計画　　ひなん訓練　　　　（　　　　　　　）

(2)　海の近くの地いきに見られる，津波のときににげこむ場所に指定された建物を何といいますか。　　　　　　　　　　　（　　　　　　　）

この表の左には、教科書の目次をしめしています。
右には、それらの内容が「小学4年生 社会にぐーんと強くなる」のどのページに出ているかをしめしています。

■は選択単元です。

2 下の図は、災害のときの連けいをあらわしています。①～③にあてはまるものを、　　から選んで書きましょう。

（1つ10点）

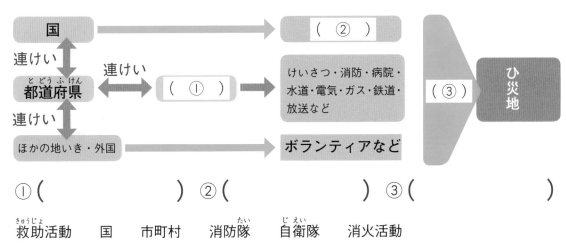

① （　　　　　　　　　） ② （　　　　　　　　　） ③ （　　　　　　　　　）

救助活動　　国　　市町村　　消防隊　　自衛隊　　消火活動

3 右の写真を見て、あとの問題に答えましょう。

（1つ10点）

(1) ⑦に入ることばを、　　　　から選んで書きましょう。

（　　　　　　　　　）

津波注意　　市がい地
津波ひなんビル

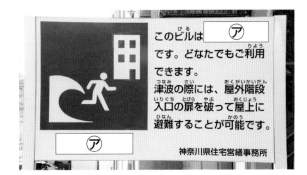

(2) 写真の中のマークは、2011年に起きた大災害のあとにつくられたマークです。この大災害とは何か、　　から選んで書きましょう。

（　　　　　　　　　）

東日本大震災　　伊豆半島沖地震　　阪神淡路大震災

(3) 写真のプレートは、地震などの災害が起きたときにそなえて、どう対おうしたらよいかなどを定めた、市や県の計画の1つとして行われています。このような計画のことを何というか書きましょう。

（　　　　　　　　　）

40 地震からくらしを守る④

得点

100点

おぼえよう　さまざまな協力（浜松市の場合）

地いきの人どうしの協力

● **自主防災隊**…災害にそなえて，地いきの人々によってつくられた自主防災組織。

　➡災害が起きたときのたんとうを，はんごとに決めて活動する。

　➡地いきの**防災訓練**などを行っている。

　➡災害時にそなえ，地いきの安全点けん，防災訓練などを行う。

　➡市からの補助金があり，市と協力して活動している。

　• 自主防災組織のない地いきでは，地いきの**消防団**と協力することが多い。

● **自主防災隊のおもな活動**

①衛生はん：けが人の手当や病
　院へ運ぶ。

②消火はん：初期消火や見回り。

③ひなんゆうどうはん：ひなん
　場所まで，早く安全に連れて
　いく。

④生活はん：食料・飲料水を配
　る，たき出しなど。

⑤じょうほうはん：役所からの
　じょうほうを地いきの人に伝
　える。地いきのようすを役所
　にほうこくする。

⑥救助はん：おもに救出活動を
　行う。

市と地いきの人との協力

● ひなん行動計画の作成，防災訓
　練を協力して行う。

● ハザードマップの作成，かくにん。

　• ハザードマップは，災害が起きたとき，そのひ害のはんいを予想してあらわした
　　地図。ひなんに関するじょうほうものっている。防災マップともいう。災害ごと
　　につくられることも多い。

1 右の絵は，浜松市の自主防災隊のおもな活動です。これについて，問題に答えましょう。

（1つ10点）

(1) 次の①～⑥は，それぞれどんな活動をしているか，　　から選んで書きましょう。

① （　　　　　　　）
② （　　　　　　　）
③ （　　　　　　　）
④ （　　　　　　　）
⑤ （　　　　　　　）
⑥ （　　　　　　　）

救出活動　　じょうほうを伝える　　けが人の手当など　　消火活動など

ひなんゆうどう　　食料などを配る

(2) 浜松市のように地いきの人は協力して防災をしています。防災の1つとして，災害があったという想定で練習することを何というか答えましょう。

（　　　　　　　　　　　　　）

2 次の文章を読んで，あとの問題に答えましょう。

（1つ15点）

> 浜松市では，地震などの大きな災害にそなえて，市と地いきの人々がいっしょになってひなん行動計画を作成しています。す早く，どこへひなんするのがよいか，ふだんから（　①　）をかくにんすることや，市や地いきの人々との（　②　）が大切です。

(1) ①にあてはまる，災害のひ害はんいの予想やひなん場所をしめす地図を何といいますか。　　　　　　　　（　　　　　　　　　）

(2) ②にあてはまることばを，　　から選んで書きましょう。

（　　　　　　　　　）

協力　　ひなん　　競争　　参加

41 地震からくらしを守る⑤

得点

100点

おぼえよう　4つの助け合い

自助：自分の身は自分で守る

→家具などの転とう・落下防止対さく，ひなんリュックの用意など。

→災害が起きたときのために，家族と話し合っておく。

共助：地いき・学校で助け合って守る

→自分たちの市やまちは，自分たちで守るため，地いきのそなえをかくにんする。

• **防災倉庫**の点けん。自主防災組織をつくる。お年よりや子どもたちも参加して，**ひなん訓練**を行う。

• いざというとき，すみやかに動けるように，ふだんから地いきのつながりが大切。

互助：他地いきや人々の助け合い

→ボランティア活動への参加，または受け入れ。（共助にふくまれることもあります。）

→ぼ金活動など

公助：市・都道府県・国などによる助け

自衛隊，けいさつ，消防
約8000
（約4分の1）

家族・近所の人など
約27000
（約4分の3）

（平成26年版防災白書より）

阪神淡路大震災のとき，だれに救助されたのかをあらわしたグラフ。全体のおよそ4分の3が，家族または近所の人に救出されている（自助・共助）。自衛隊またはけいさつ・消に救出（公助）された人は，4分の1ほどだという調さがある。

→ひなん計画や行動計画を作成し，それを多くの人に知らせる。

→けいさつ・消防の活動，自衛隊に出動をたのむ，復こうのためのし金を用意する。

→ひ災した人々に対する医りょうなどや，生活を立て直すためのし金えん助などを行う。

→自助・共助・互助活動への支えん。

● **自助・共助・互助・公助の結びつきが大切**

災害が起きてすぐには，県や国は動けない。災害にそなえた計画をたてるときに，地いきの人々も協力し，地いきの状きょうに合った計画を作成する。もし災害がおきたら，どこで何が必要なのか，ボランティアの人々をどのように配置するかなど，具体的に計画する。

① 右のグラフを見て，次の問題に答えましょう。

（1つ10点）

（1）　グラフは阪神淡路大震災のとき，救助してくれた人がだれかをあらわしています。家族や近所の人に救助された人は，けいさつ，消防，自衛隊の人に救助された人のおよそ何倍になりますか。整数で書きましょう。

（およそ　　　　倍）

自衛隊,
けいさつ,
消防
約8000
（約4分の1）

家族・近所の人など
約27000
（約4分の3）

（平成26年版防災白書より）

（2）　次の①〜④の文は，災害のときの助け合いについて書かれています。正しいものには〇を，まちがっているものには×を書きましょう。

①（　　　）助けられた人の多くが，自力か家族に助けられています。これは，自分の身は自分で守ることの大切さを示しています。

②（　　　）友人・近所の人に助けられることは，公助の考え方にあてはまります。

③（　　　）消防による救出活動は，共助の考え方にあてはまります。

④（　　　）自助・共助・互助・公助の結びつきが大切です。

② 次の活動や行動は，4つの助け合いのうち，それぞれどれにあてはまりますか。　から選んで書きましょう。

（1つ10点）

（1）　災害にそなえて，自分や家族のひなんリュックの用意をした。

（　　　　　　）

（2）　こう水になったとき，消防団が出してくれたボートでひなんできた。

（　　　　　　）

（3）　大きな地震のあと，ボランティアの人たちが，家の中をかたづけてくれた。

（　　　　　　）

（4）　ひなん所にいたときに，自衛隊の人たちがカレーライスをつくって，配ってくれた。

（　　　　　　）

（5）　大きな地震のあとに，落ち合うと決めていた場所に行ったら，家族と会えた。

（　　　　　　）

自助　　共助　　互助　　公助

42 そのほかの自然災害①

おぼえよう　風水害・雪害

風水害

● 梅雨や台風など，夏から秋にかけて雨の多い日本では，特に風水害が起こりやすい。
→こう水だけでなく土砂くずれや高潮など，さまざまな災害を合わせて引きおこす。

● 防災の取り組み例

• 予想されるしん水の深さ，ひなん場所などがわかる「こう水ハザードマップ」を地いきごとにつくり，配る。

• 防災訓練を行う，防災メールサービスを始めるなど。

• 地いきによっては，ふえた川の水を一時的にためるしせつの建せつを進めている。

▲2005年台風14号の宮崎市内のようす

雪害

● 雪により，家がこわれたり，道路が通行できなくなる。

● 防災の取り組み例（秋田市）
→除雪などに市民の協力を求める。
→住民へ道路に雪をすてないようよびかける。
→だれでも使える雪すて場を決める。

▲集めた雪を運ぶトラック

秋田に住むみなさまへ（一部）
1. げんかん先や車こ前の雪よせにご協力を！
2. 路上ちゅう車はぜっ対にしないで！
3. 道路に雪を出さないで！

▲雪国秋田に住むみなさまへ（秋田市ホームページより）

1 次の問題に答えましょう。

((3)20点，他1つ10点)

(1) 台風のときに，起こりやすい災害は何か，　　　から選んで書きましょう。
う。

（　　　　　　　　）

こう水　　津波　　地震　　火山のふん火

(2) 雪がたくさんふることで起きる災害を何といいますか。漢字2字で書きましょう。

（　　　　　　　　）

(3) 予想されるしん水の深さやひなん場所をのせた地図のことを何というか答えましょう。

（こう水　　　　　　）

2 右のグラフを見て，次の問題に答えましょう。

（1つ10点）

(1) 2005年の台風14号は宮崎市にひ害をもた
らしました。このときにふった雨の量は，
台風14号がくるまで最大の雨の量だった
1996年の台風2号のときの，およそ何倍で
すか。グラフから読み取って，数字を書き
ましょう。　　　　（およそ　　　　倍）

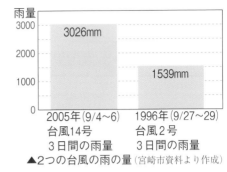

▲2つの台風の雨の量（宮崎市資料より作成）

(2) (1)の台風14号のあと，市の危機管理課がとった対さくとして考えられる
もの2つに，○を書きましょう。

① (　　　　) 防災メールサービスを始めた。

② (　　　　) ハザードマップを地区の消防団にだけ配った。

③ (　　　　) こう水ハザードマップを地いきごとにつくり直し，全家庭に
配った。

④ (　　　　) 小学校でだけ，ひなん訓練をやってもらった。

3 次の秋田市での雪害についての文章を読んで，あとの問題に答えましょう。

（1つ10点）

> 秋田市では，2006年，2012年のごう雪のあと，（　①　）への対さく
> を見直している。（　②　）などに市民の協力をお願いしたり，「秋田
> に住むみなさまへ」という5つのお願いをつくったり，だれでも使え
> る雪のすて場を決めたりした。

(1) ①，②にあてはまることばを，　　　　から選んで書きましょう。

台風　雪　除雪　防風　　　①(　　　　　　) ②(　　　　　　　　)

(2) ＿＿部の5つのお願いの1つが右のことば
です。(　)にあてはまることばを，　　　　か
ら選んで書きましょう。

(　　　　　　　　　　)

屋根　雪すて場　道路

秋田に住むみなさまへ（一部）
3. (　)に雪を出さないで！

▲雪国秋田に住むみなさまへ
（秋田市ホームページより）

43

そのほかの自然災害②

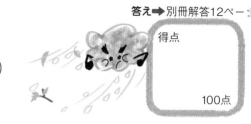

得点

100点

おぼえよう　火山災害

火山災害からくらしを守るには

　日本は火山が多く，多くの地いきでふん火が起きている。かこには，島民全員がひなんした三宅島（1983年，東京都）や伊豆大島（1986年，東京都）のふん火や，多くのぎせい者が出た，御嶽山（2014年，長野県・岐阜県）のふん火などがあった。

▲有珠山のふん火

● **有珠山（北海道）の場合**

➡30年から40年ごとにふん火があった有珠山は，2000年にもふん火している。

➡有珠山のまわりの市（伊達市）や町（洞爺湖町・壮瞥町・豊浦町）が共同で作成していた「有珠山火山防災マップ」（ハザードマップ）や防災計画によって，早めのひなんができ，人へのひ害はなかった。

➡市と3つの町は関係機関と役わりを決め，合同のひなん訓練を2017年に行った。

気象台 火山の調査・じょうほうのていきょう。	**自衛隊** けが人の輸送，水の用意やたき出しなど。	**胆振総合振興局** 自衛隊への出動要求など。

有珠山のまわりの市や町

消防しょ・消防団 住民のひなん・救助など。	**けいさつしょ** きん急交通路の整理など。	**火山専門家** 防災の助言など。

1 次の問題に答えましょう。

（10点）

（1）日本でふん火が多いのはなぜですか。　　　から選んで書きましょう。

（　　　　　　　　　　　　　　　　）

海にかこまれているから。　　火山が多いから。

2 次の図を見て，あとの問題に答えましょう。

気象台
火山の調査・じょうほう
のていきょう。

（　①　）
けが人の輸送，水の用意
やたき出しなど。

胆振総合振興局
（　①　）への出動要求
など。

有珠山のまわりの市や町

消防しょ・消防団
（　②　）など。

（　③　）
きん急交通路の整理など。

火山専門家
（　④　）など。

(1) 図の中の①～④にあてはまることばを，　　　　から選んで書きましょう。

① (　　　　　　　　　)　　② (　　　　　　　　　)

③ (　　　　　　　　　)　　④ (　　　　　　　　　)

自衛隊　　けいさつしょ　　家族　　住民のひなん・救助　　防災の助言

(2) 北海道の有珠山のまわりにある市とはどこですか。名前を書きましょう。

(　　　　　　　　　　　　　　)

(3) 次の文は，気象台の役わりについて説明したものです。（　）にあては
まることばを書きましょう。

[
　気象台は火山の①(　　　　　　　　　　)をして，そこからわかる
　②(　　　　　　　　　　)をていきょうする。
]

3 次の問題の答えを，　　　　から選んで書きましょう。

(1) 島の住人が全員ひなんしたふん火を2つ選んで書きましょう。

(　　　　　　　　)　(　　　　　　　　)

(2) 長野県で多くのぎせい者を出した火山ふん火はどれですか。

(　　　　　　　　)

(3) 北海道で30年～40年ごとに起きるふん火はどれですか。

(　　　　　　　　)

伊豆大島のふん火　　御嶽山のふん火　　有珠山のふん火　　三宅島のふん火

44 単元のまとめ

得点

100点

1 次の文にあてはまることばを，　　　　から選んで書きましょう。

（1つ5点）

(1) 災害が起きたときのひ害のはんいを予想してあらわし，同時にひなんに関するじょうほうをのせている地図。こう水，地震など災害ごとにつくられることも多い。　　　　（　　　　　　　　　　）

(2) 大きな災害が起きて，電話がつながりにくくなったときに，伝言を残しておける，171番の電話。　　　（　　　　　　　　　　）

防災計画　　ハザードマップ　　災害用伝言ダイヤル

2 次の問題に答えましょう。

（1つ5点）

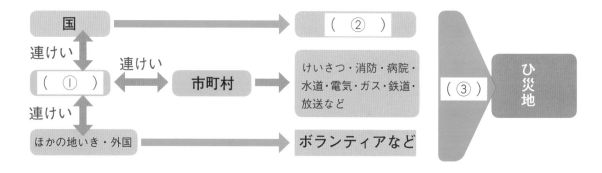

(1) 図は災害のときの連けいをしめしています。①〜③にあてはまることばを，　　　から選んで書きましょう。

①（　　　　　　　　　）　②（　　　　　　　　　）
③（　　　　　　　　　）

国　　都道府県　　消防隊　　自衛隊　　救助活動

(2) 大きな地震の場合，海の近くの地いきでは，別の災害にも注意しなければなりません。それは何か，右のマークを参考にして答えましょう。　　　（　　　　　　　　　　）

右の写真を見て，あとの問題に答えましょう。

（1つ10点）

(1) 写真のような災害を何といいますか。

（　　　　　　　　　　　）

(2) 次の文章を読んで，①，②にあてはまる
　　ことばを，　　　から選んで書きましょう。

　写真は，2005年の台風14号のときの宮崎市のようすです。台風のあと，市の危機管理課では，それまでの（　①　）を見直し，地区ごとに予想されるしん水の深さ，ひなん場所などがわかる①につくり直し，全家庭に配りました。また，市が中心となって，防災訓練を行ったり，（　②　）をはじめたりしました。

①（　　　　　　　　　）　②（　　　　　　　　　）

防災メールサービス　　ハザードマップ　　地区わり

④ 次の文章を読んで，あとの問題に答えましょう。

（1つ10点）

　秋田市では，2006年，2012年のごう雪のあと，（　①　）に対する対さくを見直しています。除雪などに（　②　）をお願いしたり，「秋田に住むみなさまへ」という５つのお願いをつくったり，だれでも使える（　③　）を決めたりしました。

(1) ①～③にあてはまることばを，　　　から選んで書きましょう。

①（　　　　　　　　　）　②（　　　　　　　　　）
③（　　　　　　　　　）

市民の協力　　雪すて場　　雪　　ごみすて場

(2) 右の５つのお願いの１つの（　）にあてはまることばを，　　　から
　　選んで書きましょう。　　（　　　　　　　　　　　）

雪よせ　　路上ちゅう車　　除雪作業

> 2.（　　　　）はぜっ
> 対にしないで!!

災害にそなえて何ができる？

日本は，災害の多い国です。梅雨・ゲリラごう雨・台風によるこう水，地震，大地震による津波，火山ふん火，大雪など，災害にあわない年はないといってよいでしょう。

▲阪神淡路大震災のあと

▲九州の新燃岳のふん火。

▲ゲリラごう雨で，川のようになった道路。

★災害にそなえる

① 地震にそなえて，家具の置き方を点けんして，たおれないようにとめます。家の人といっしょに点けんしましょう。

家具がたおれるのを防止する道具で止める。

照明器具は数か所で止める。

家具を止める。

とめ金にストッパーをつける。

ガラスとびちり防止フィルムをはる。

もえにくい加工のカーテンを使う。

ストーブなどは，大きなゆれで自動消火するものを。近くにもえやすいものを置かない。

テレビを固定する。置き場所も考えよう。

② ひなん用リュック（非常持ち出し）は一人１つ。

【例】

- かい中電灯・ラジオ・よびの電池
- 水・食べもの
- きず薬・ばんそうこう・ふだん使っている薬
- お金
- 下着・軍手・ティッシュ・ヘルメット・書くものなど

③ 家族や地いきの人といっしょにそなえる。

家族でよく話し合って，ひなんの方法やひなん場所をたしかめましょう。災害によって，ひなんの方法はちがってきます。何度も話し合っておきましょう。

- 家族とはなれたときに，おちあう場所やれんらく方法を決める。
- 災害用伝言ダイヤルの使い方をたしかめておく。

④ 災害のときは，地いきの人と助け合います。ふだんからのつながりを大切にしましょう。

> 話し合うことが，一番たいせつ。

考えてみよう

(1) ③に出てきた「災害用伝言ダイヤル」は何番ですか。　　　から選んで書きましょう。

110番　　171番　　119番

[　　　　　　　　]

(2) 災害にそなえて，ひなん用のリュックを用意しました。そのリュックをどこに置いておきますか。その場所を選んだ理由も書きましょう。

（場所）

（理由）

(1)の答え　171番

(2)の答えは，１つだけではありません。下の例を参考にして，あなたの考えを書きましょう。

【例】　（場所）　勉強するつくえの下に置く。
　　　　（理由）　地震などで必要なときに，置いた場所をわすれているとこまるので，見えるところに置く。

45

答え➡別冊解答12ページ

得点

100点

きょう土に伝わること①

おぼえよう　受けついでいきたい文化や行事(1)

文化ざい

　それぞれの都道府県には，古くから大切に伝えられた建物・ちょうこく・絵などや芸のう（文化），古くから続く祭りなど（行事）がある。これを文化ざいという。

　文化ざいの中には，市や都道府県，国が，保ぞんしなければならないと決めたものがある。これらにこめられた人々の願いや，受けつがれてきた思いを知る。

➡**重要文化ざい**…国が，大切に守っていかなければならないと指定した文化ざいのこと。建物・ちょうこく・絵など形のあるものと，芸のう・ぎじゅつなどの無形のものに分かれている。

▲道後温泉本館

➡**国宝**…建物・ちょうこく・絵・などの有形の重要文化ざいの中で，特に大切で国民のたからとして伝える必要があるとしたもの。

➡**世界いさん**…ユネスコという国際機関が，守っていく必要があると指定したもの。

古くから残る建物の例

➡**道後温泉本館**（愛媛県松山市）…国の重要文化ざい。130年ほど前に改築された。

▲大浦天主堂

➡**大浦天主堂**（長崎市）…国宝，2018年に世界いさんに登ろくされた。160年ほど前にたてられた，日本で最も古いキリスト教会。

➡**姫路城**（兵庫県姫路市）…今の姫路城は，1609年に建てられた。白く美しいことから「白さぎ城」ともよばれる。国宝に指定されている。また，日本で最初に世界いさんに登ろくされた。

▲姫路城

1 次の文の（　）にあてはまることばを，　　　から選びましょう。

（1つ5点）

　国が指定した文化ざいのことを①（　　　　　　　　）といい，特に大切で国民のたからとして伝える必要があるとした文化ざいを②（　　　　　　　　）という。

国宝　　重要文化ざい　　ユネスコ

❷ 次の写真を見て，あとの問題に答えましょう。

㋐ 　㋑ 　㋒

(1) 写真の㋐〜㋒の中で，国宝に指定されているものを2つ記号で答えましょう。　（　　　　）（　　　　）

(2) ㋐〜㋒について，これらがある都道府県名をそれぞれ書きましょう。
㋐（　　　　　　　）㋑（　　　　　　　）㋒（　　　　　　　）

(3) 3つの建物の中で，最も古いのはどれですか，記号で答えましょう。
（　　　　）

(4) 3つの建物の中で，世界いさんに登ろくされていないものを記号で答えましょう。
（　　　　）

❸ 次の文章を読んで，あとの問題に答えましょう。

（1つ4点）

> それぞれの都道府県には，古くから大切に伝えられた文化ざいがある。文化ざいは建物など，形があるもののほかに，（　①　）やぎじゅつなどもある。それら文化ざいの中で，国が守っていかなければならないと指定したものは，（　②　），その中で特に大切な国民のたからとみとめたものを（　③　）という。また，最近では，（　④　）という国際機関が指定する世界いさんもある。日本で最初に世界いさんに登ろくされたものの1つに（　⑤　）がある。

(1) ①〜④にあてはまることばを，　　　　から選んで書きましょう。
①（　　　　　　　）②（　　　　　　　）
③（　　　　　　　）④（　　　　　　　）

ユネスコ　　ちょうこく　　芸のう　　重要文化ざい　　国宝　　絵

(2) ⑤には兵庫県にある城が入ります。漢字で書きましょう。

（　　　　　　　）

46 きょう土に伝わること②

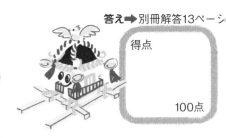

得点

100点

おぼえよう　受けついでいきたい文化や行事(2)

古くから伝わるきょう土芸のうの例

● きょう土芸のうには，その始まりにいわれがある
ものが多い。おどりの動きや歌に意味があり，人々
の願いを知ることができる。

➡ 八ツ鹿おどり(愛媛県宇和島市)…370年以上前
から続くおどりで，東北地方から伝えられたという。
良いことが起こるようにという願いがこめられている。

➡ 阿波おどり（徳島市)…400年くらい前から，毎
年8月に行われてきた。なくなった祖先のことを
思い，なぐさめるために始まったといわれる。

➡ 阿波人形浄瑠璃(徳島県)…人形を使ったおしば
いで，300年から400年くらい前から続いている。
人形つかい，三味線をひく人，セリフをいう太夫
という人がいっしょに行う。国の重要文化ざい。

▲八ツ鹿おどり

▲阿波人形浄瑠璃

受けつがれる祭りや行事の例

➡ 太鼓祭り(愛媛県新居浜市)…始まりは千年くら
い前といわれている。別子銅山でさかんに銅がほ
られるようになると，太鼓台は大きくなっていっ
た。太鼓台は瀬戸内海地いきに多く，瀬戸内海で
海上交通がさかんだったためと考えられている。

➡ 長崎くんち(長崎市)…重要無形民俗文化ざいに
指定されている。毎年10月に行われるが，昔は9
月9日の行事で「くにち」が「くんち」になった
ともいわれる。踊町というだしもの当番が7年に
一度あり，1年がかりでじゅんびするという。

● 年中行事：節分，ひなまつりなどのように，毎年
決まった時期に行う行事をいう。祭りも年中行事
の1つ。

● 自分が住む地いきの行事や祭りを調べてみること
も大切。

▲太鼓祭り

▲長崎くんち

1 次の（　）にあてはまることばを，　　　から選んで書きましょう。
（1つ20点）

(1) 地いきに古くから伝えられ，受けつがれているおどりや，阿波人形浄瑠璃のようなおしばいなどを（　　　　　　　　　）といいます。

(2) 毎年決まった時期に行われる行事を（　　　　　　　　　）といいます。

重要文化ざい　　年中行事　　きょう土芸のう　　節分

2 右の写真を見て，次の問題に答えましょう
（1つ20点）

(1) 写真は，何という祭りですか。　　　から選んで書きましょう。

（　　　　　　　　　）

阿波おどり　　八ツ鹿おどり　　長崎くんち

(2) (1)の祭りが行われる市はどこですか。

（　　　　　　市）

3 次の（　）にあてはまることばを，　　　から選んで書きましょう。
（1つ10点）

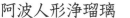
阿波人形浄瑠璃

八ツ鹿おどり

太鼓祭り

きょう土げいのうには，その始まりに①（　　　　　　）があるものが多い。また，古くから多くの人たちが伝とうを②（　　　　　　）きた。

いわれ　　受けついで　　つくりかえて

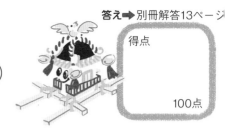

答え➡別冊解答13ページ

47

きょう土に伝わること③

得点

100点

おぼえよう　きょう土の発てんについて調べる⑴

きょう土の発てんにつくした人のくふうと苦労

● きょう土の発てんにつくした人は，さまざまなくふうをして，目的をはたした。また，その間には，いろいろな苦労があった。

● 例：長野県茅野市諏訪地いきの用水をつくったときのくふうと苦労

・ 川の水量が少なく，水不足になやんでいたところ，村の代表者となった坂本養川が，用水をつくって，田に水を引くことを計画した。

くふうしたこと…遠い所から水を引いてくるため，川と交わるところは，といをつくってこえるようにしようと考えた。

苦労したこと…今のように，土をほったり，運んだりする機械がないので，工事は手作業で行われた。➡時間と手間がかかった。

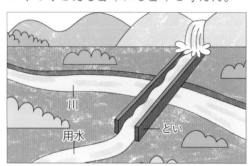

川
用水
とい

---

1 次の①，②は，用水をつくるときに考えられたくふうです。それぞれどんなくふうでしょうか。　　　　から選んで書きましょう。　　　　　　　（1つ9点）

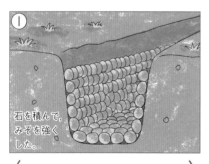

石を積んで，みぞを強くした。

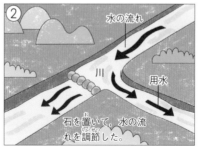

水の流れ
川
用水
石を置いて，水の流れを調節した。

水が用水に流れるようにするくふう。

土がくずれて用水がうまらないようにするくふう。

（　　　　　）（　　　　　）

2 水不足になやむある地いきの開発工事でのくふうや苦労について，あとの問題に答えましょう。

（1つ14点）

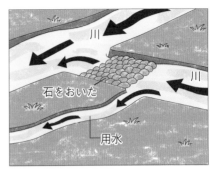

(1) 右の絵のようなくふうについて，次の文の（　）にあてはまることばを，　　から選んで書きましょう。

> 川の水が少ないときでも，（　　　　）に水が流れるようにしている。

川　　用水

(2) 絵のように石を置く工事は，昔はどのように行われていましたか。次の文の①，②にあてはまることばを，　　から選んで書きましょう。

> 機械がなかったので，工事はすべて①（　　　　）で行われ，②（　　　　）と手間がかかった。

時間　　願い　　手作業

3 用水ができて発てんした，ある地いきについて，次の絵を見て，あとの問題に答えましょう。

（1つ20点）

①用水ができる前

(1) ①の絵から，この地いきは，何になやんでいたと考えられますか。　　から選んで書きましょう。

（　　　　　　）

こう水　　水不足　　そう音

(2) ②の絵から，工事が完成したあと，この地いきは，どのように変わったと考えられますか。次の文の（　）にあてはまることばを，　　から選んで書きましょう。

> 多くの（　　　　）がつくられ，米づくりがさかんになった。

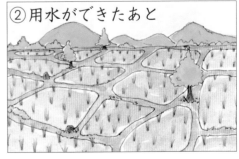

②用水ができたあと

田　　畑　　あれ地

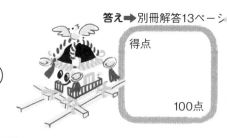

答え➡別冊解答13ページ

48 きょう土に伝わること④

得点

100点

おぼえよう　きょう土の発てんについて調べる⑵

年表での調べ方

- きょう土の発てんにつくした人物の行動を，年表で調べる。
- どんななやみがあり，だれが，何をして，その後どうなったかに注意する。

年表からわかること

- 人物の年ごとの動きやできごとがわかる。→①
- 地いきで起こったできごとなど，関連するできごとも書かれている。→②
- 年代を見て，工事などにかかった年数やうつりかわりを知ることができる。→③

年	おもなできごと
③ 1736	坂本養川が生まれる。①
1758	養川が，村の名主（今の村長にあたる）となる。
1762	養川が，ほかの地いきに出て用水のつくり方を学ぶ。
1771	諏訪地いきに雨がふらず，水不足になる。②
1773	養川が，諏訪に帰る。
1774	養川が，諏訪の土地のようすを調べる。
1775	養川が，との様に用水をつくることを願い出る。
～1783	この間に6回も願い出た。
1785	最初の用水である滝之湯用水ができる。
1792	大河原用水ができる。

▲長野県茅野市諏訪地いきで，用水をつくった，坂本養川の年表

1 右の年表を見て，あとの問題に答えましょう。

（1つ9点）

右の年表中の①～③を見ることで，どんなことがわかりますか。次の⑦～⑦からそれぞれ選んで，記号を書きましょう。

⑦　あるできごとがどの年におこったか，また，何年かかったかなどがわかる。

⑦　人物の年ごとの動きやできごとがわかる。

⑦　人物に関連する地いきのできごとがわかる。

年	おもなできごと
1736	坂本養川が生まれる。①
1758	養川が，村の名主（今の村長にあたる）となる。
1771	諏訪地いきに雨がふらず，水不足になる。②
1774	養川が，諏訪の土地のようすを調べる。
1775～1783	養川が，との様に用水をつくることを願い出る。
	この間に6回も願い出た。
1792 ③	大河原用水ができる。

①（　　）②（　　）③（　　）

② 右の年表を見て，あとの問題に答えましょう。

（1つ7点）

(1) 烏山用水が完成したのは何
年ですか。（　　　　年）

(2) 江成久兵衛とは，何をした
人ですか。次の文の①，②に
あてはまることばを書きま
しょう。

年	おもなできごと
1858	烏山用水をつくる工事がはじまる。
1859	烏山用水が完成する。
1860	相模川のこう水で用水路がこわされる。江成久兵衛が用水路をつくり直す工事をはじめる。
1866	用水路が直る。久兵衛がていぼうづくりをはじめる。
1894	すべてのていぼうが完成する。

　　　1860年のこう水でこわれた①（　　　　　　　　　　）をつくり直
す工事と，1866年からはじめた②（　　　　　　　　　　）づくりの
工事。

(3) この年表の表題として，もっともふさわしいものを，　　　から選んで
書きましょう。　　　　　　　　　　　（　　　　　　　　　　）

江成久兵衛の一生　　　烏山用水の工事　　　相模川のこう水

③ 福島県の安積疏水（用水）について，次の文と年表を見て，あとの問題に答えま
しょう。
（1つ9点）

安積疏水ができる前の福島県郡山市
の西側は，川がこの土地より低いとこ
ろにあるため，水が使えず，土地はあ
れ地ばかりで，いつも水不足になやん
でいました。

年	おもなできごと
1875	福島県の開たく係（まちの発てんを計画する係）の中條政恒が，安積疏水をつくることを国に願い出た。
1879	安積疏水の工事がはじまった。
1882	安積疏水が完成した。
1883	疏水のおかげで，米が多くとれるようになった。
1898	疏水の水を利用した発電所ができた。

(1) 安積疏水をつくろうとしたの
は，この土地が何になやんでい
たからですか。
　　　　　　　　　　　　　　　　　　　　　（　　　　　　　）

(2) 安積疏水をつくろうと考えた人は，だれですか。（　　　　　　　）

(3) 安積疏水の工事がはじまったのは，何年ですか。（　　　　　年）

(4) 安積疏水ができて，どのような変化がありましたか。2つ書きましょう。
　　　　　　　（　　　　　　　　　　　　　　　　　　　　）
　　　　　　　（　　　　　　　　　　　　　　　　　　　　）

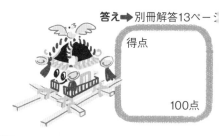

答え➡別冊解答13ページ

49

きょう土に伝わること⑤

得点

100点

おぼえよう　きょう土の発てんについて調べる(3)

日本初の学区せい小学校〜教育の発てん〜

● 京都の番組小学校…番組とは，町のまとまりのことで，今の学区にあたる。はじめは「○○番組小学校」と名付けられていた。

　➡番組小学校は，京都の人々がつくった学区せいの公立小学校。その3年後，全国にも学区のしくみができた。

　・教育が大切と考え，人々は協力して，子ども全員が通える小学校をつくった。

　・小学校は消防の見はり役のほか，交番・役所・ほけん所などの役目をはたしていた。

消防しょの役わりもあった，火の見やぐらがついた小学校。

華岡青洲〜医りょうの発てん〜

● 日本初の全身ますいでの手じゅつ

　➡日本に，ますい薬のなかった時代，ますい薬「通仙散」をつくることに取り組んだ。

　・つまや母の協力もあり，薬は20年後に完成。

　・約200年前に，世界で最初の全身ますいによる手じゅつを行い，成功させた。

　・青洲は，病院と学校をかねた春林軒というしせつで，弟子たちとさまざまな手じゅつを成功させた。

▲華岡青洲

1　次の文の(　)にあてはまることばを，　から選んで答えましょう。

（1つ10点）

　①(　　　　　)では，人々が教育が大切だと考え，今の学区にあたる②(　　　　　)を決めて，それぞれに小学校をつくった。3年後には全国にもこの学区のしくみができた。

京都　　東京　　番組　　都道府県

2 右の写真を見て，次の問題に答えましょう。

（1つ10点）

(1) 写真は，京都につくられた学区せいの小学校の1つです。屋根の上に，火の見やぐらが付いているわけを，　　　から選んで書きましょう。（　　　　　　　）

消防しょの役わりもしたから　　写生をするときにべんりだから

(2) 京都につくられた学区せいの小学校について，正しいものには○を，まちがっているものには×を書きましょう。

① (　　　) 小学校は，すべての子どもが通うためにつくられた。

② (　　　) 京都の人々によってつくられた，私立の小学校だった。

③ (　　　) 小学校は，交番や役所のはたらきもしていた。

3 次の文章を読んで，あとの問題に答えましょう。

（1つ10点）

> 200年ほど前に，⑦全身ますいを使って，手じゅつを成功させた日本人の医者がいました。世界で初めてのことでした。
> その医者は，今の⑦和歌山県紀の川市に生まれ，京都で医学を学びました。（　①　）のない手じゅつを目指し，「通仙散」という薬の開発に取り組み，20年かけて完成させます。その後も大きな手じゅつをいくつも成功させました。その医者の開いた学校「（　②　）」では，多くの弟子が学んだそうです。

(1) ＿＿部⑦の医者の名前を，　　　から選んで書きましょう。（　　　　　　　）

坂本養川　　江成久兵衛　　華岡青洲

(2) ①・②にあてはまることばを，　　　から選んで書きましょう。　①（　　　　　）②（　　　　　）

春林軒　　いたみ　　番組

(3) ＿＿部⑦の和歌山県の場所を地図中の記号で答えましょう。（　　　）

50

きょう土に伝わること⑥

おぼえよう　きょう土の発てんについて調べる⑷

小泉八雲〜文化の発てん〜

● **日本文化を外国にしょうかい**

➡ギリシャ生まれ，本名はラフカディオ・ハーン。

➡130年ほど前に，島根県松江市に来た。

➡新聞記者・英語教師をしながら日本のふしぎな話や日本をえがいた文章を書き，外国に発表した。

➡日本では知る人が少なかった小泉八雲だが，八雲の教え子だった根岸磐井らの努力で，記念館が完成した。

・今，松江市は島根県内では，外国人観光客が多くおとずれている。

▲小泉八雲

江頭杉太郎〜産業の発てん〜

● **地いきに新たな産業をおこす**

➡佐賀県で人工的にのりを育てること（養しょく）をはじめた。

➡1960年代，のりのとり入れや加工に機械化が進み，とれ高がのびた。1971年には，はん売量で日本一となった。今，養しょくのりのとれ高は，全国でトップクラス。

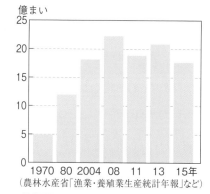

▲佐賀県ののりのとれ高

（農林水産省「漁業・養殖業生産統計年報」など）

▲江頭杉太郎

1　次の問題に答えましょう。

（1つ10点）

⑴　今から130年ほど前に，松江市にやってきて，日本を外国にしょうかいしたギリシャ生まれの人物の日本名を書きましょう。（　　　　　　）

⑵　のりの種をうえつけて，人工的にのりを育てることを何といいますか。　　から選んで書きましょう。（　　　　　　）

はん売　　とり入れ　　養しょく

② 右の写真を見て，次の問題に答えましょう。

（1つ10点）

(1) ①・②の写真の人物は，それぞれだ
れですか。　　　から選んで名前を書
きましょう。

①（　　　　　　　　）

②（　　　　　　　　）

　はなおかせいしゅう　　　ふ　た　やす　の　すけ　　　え　がしらすぎ　た　ろう　　　こ　いずみ　や　くも
　華岡青洲　　　布田保之助　　　江頭杉太郎　　　小泉八雲

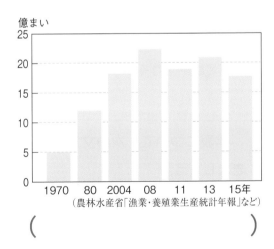

(2) ①・②の人が，きょう土のためにつくした
地いきはそれぞれどこですか。関係が深い都
　　　　　　　　　　　　　　　　　　と
道府県の記号を答えましょう。また，その県
　どう　ふ　けん
の名前を書きましょう。

①記号（　　　）名前（　　　　　　）②記号（　　　）名前（　　　　　　）

③ 右のグラフを見て，次の問題に答えましょう。

（1つ10点）

(1) グラフは，佐賀県ののりのとれ
　　　　　　さ　が
高を表しています。とれ高が最も
　あらわ　　　　　　　　　　　もっと
多かった年は何年か，書きましょう。

（　　　　　　　）

(2) 佐賀県ののりの養しょく量は，
2016年・2017年とも全国１位です。
佐賀県が「のり王国」になるのに
つくした人を，　　　から選んで書
きましょう。

（　　　　　　　　　　　）

江頭杉太郎　　　ラフカディオ・ハーン　　　坂本養川

51

単元のまとめ

答え➡別冊解答14ペー

得点

100点

1 次の問題に答えましょう。

（1つ6点）

(1) 次の①～③の人たちは，どんななやみをかかえているのでしょうか。⑦～⑦からそれぞれ選んで，記号を書きましょう。

 ① 「近くの川の水が少なくて，田に水が引けないよ」　（　　）

 ② 「土地は広いけど，あれた土地ばかりだよ」　（　　）

 ③ 「大雨がふると，川がいつもあふれてしまうんだよ」　（　　）

⑦　たびたびこう水がおこること。　　⑦　作物の育ちが悪いこと。

⑦　米づくりのための水が不足していること。

(2) 昔の工事について，次の文の（　）にあてはまることばを，　　　から選んで書きましょう。

　　機械のない時代，工事には①（　　　　　　　　）がかかったので，②（　　　　　　　　）が助け合う必要がありました。

調べて計画をねる　　地いきの人々　　長い年月　　短い時間

2 年表について，次の文章の①～③にあてはまることばを，　　　から選んで書きましょう。

（1つ4点）

　　年表は，できごとを①（　　　　　　　　）の順にならべてまとめたものです。年表をつくるときは，何についての年表かを決め，調べてわかったことを②（　　　　　　）ことから③（　　　　　　）ことへ，順をおって書きます。

新しい　　古い　　年令　　年月

3 右の年表は琵琶湖疏水（用水）についてまとめたものです。この年表を見て，あとの問題に答えましょう。

（1つ7点）

（1）　琵琶湖疏水をつくろうと考えた人はだれですか。

（　　　　　　　　）

年代	おもなできごと
1881	北垣国道が京都府知事となり，疏水づくりを計画する。
1883	技師として田辺朔郎をむかえる。
	京都の代表者会で疏水づくりをていあんし，決定する。
1884	各地で反対の声がおこる。
1885	第１疏水をつくる工事がはじまる。
1889	水車をつくる計画を水力発電所をつくる計画に変える。
1890	第１疏水が完成する。
1891	蹴上発電所ができる。

（2）　琵琶湖疏水の工事がはじまったのは何年ですか。

（　　　　　年）

（3）　疏水の水を使って水車をつくる計画は，何をつくることに変わりましたか。

（　　　　　　　　）

（4）　第１疏水は，工事がはじまってから何年後に完成しましたか。

（　　　　　年後）

4 右の写真を見て，次の問題に答えましょう。

（1つ6点）

（1）　写真は，150年ほど前に京都につくられた学区せいの小学校の１つです。これらの小学校は何とよばれましたか。

（　　　　　　小学校）

（2）　写真は，京都につくられた学区せいの小学校の１つです。屋根の上に，火の見やぐらが付いているわけを，　から選んで書きましょう。

（　　　　　　　　　　　）

消防しょの役わりもしたから　　消防しょの建物を使っていたから

（3）　京都につくられた学区せいの小学校について，正しいものには〇を，まちがっているものには×を書きましょう。

①（　　　）京都の人々によってつくられた，公立の小学校だった。

②（　　　）小学校は，役所の中につくられていた。

③（　　　）小学校は，一部の子どもだけが通うことができた。

52

特色ある地いき①

答え➡別冊解答14ペー

得点

100点

おぼえよう　地いきの中のさまざまな特色

地いきの特色を調べる

　県内でも，地いきによってそれぞれ特色がある。位置とその特色を調べよう。

●すずりづくりの町（例：石巻市雄勝町）
➡手づくりのすずりづくりが続いてきた町。

・伝とう的な産業…古くからのぎじゅつを守り，受けつがれてきた産業。

●国際交流と共生（例：仙台市）
➡外国人人口がふえ，ちがう文化を持つ人々との交流をはかる地いき。文化のちがいをこえてともにくらすことを共生という。おたがいの文化や国旗をそんちょうすることが大切。
➡世界の都市と都市単位で交流する。（姉妹都市交流）

●観光の町（例：松島町）
➡美しい景色を特色として，観光に力を入れる町。

●古いまちなみ（例：登米市）
➡残していきたい古いまちなみ，それを活用していく町。みやぎの明治村など

▲観光に力を入れる

古いまちなみが残っている

登米市

石巻市

仙台市

松島町

0　10　20　30km

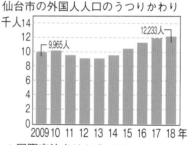

▲伝とう的な産業

仙台市の外国人人口のうつりかわり

9,965人

12,233人

2009 10 11 12 13 14 15 16 17 18 年

▲国際交流をはかる　（仙台市ホームページを元に作成）

1　次の問題に答えましょう。

（1つ10点）

(1) 宮城県内で，外国人人口がふえ，外国との交流に力を入れようとしているところを，　　　から選んで書きましょう。　　　（　　　　　）

登米市　　仙台市　　松島町

(2) 雄勝町でつくられる工芸品は何ですか。　　　（　　　　　）

② 右のグラフを見て，あとの問題に答えましょう。

（1つ15点）

(1) 仙台市では，2015年以来外国の人
の数はどうなっていますか。グラフ
を読み取って答えましょう。

（　　　　　　　　　　　　　　）

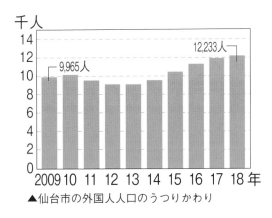

▲仙台市の外国人人口のうつりかわり

(2) 仙台市では，交流している都市や
国が9つあります。次の問題にあ
てはまることばを，　　　　　から選ん
で書きましょう。

①海外の都市と，都市単位で交流することを何というか答えましょう。

（　　　　　　　　　　　　　）

②海外の人々と交流するうえで，そんちょうした方が良いものを2つ答え
ましょう。　　　（　　　　　　　）（　　　　　　　）

姉妹都市交流　　父母都市交流　　国旗　　文化　　競争

③ 次の文章を読んで，あとの問題に答えましょう。

（1つ10点）

　同じ県内でも，地いきによってその特色はさまざまです。①伝とう
的な産業に力を入れている地いき，②観光に力を入れている地いき，世
界の都市と結びついて交流がさかんな地いきなど，それぞれの特色を知
ることが大切です。

(1) ①の伝とう的な産業とはどのような産業ですか。　　　　から選んで書き
ましょう。　　　　（　　　　　　　　　　　　　　　　　　　）

古くからのぎじゅつを守り，受けついでいる産業　　外国から入ってきた，新しい産業

(2) ②の地いきは，次の⑦，⑦
のどちらですか。記号で答え
ましょう。（　　　　　）

53

特色ある地いき②

得点

100点

おぼえよう　伝とう産業を守る

伝とう産業を生かしたまちづくり

地元で手に入る原料やねん料を生かしてものづくりをすることが多い。

● 伝とう的なぎじゅつ…伝とう産業では，ぎじゅつは師匠から弟子へ，親から子へと代々伝えられてきた。一人前になるまで，長い修行が必要になる。

● 手づくり…昔から受けつがれてきたぎじゅつをもった職人にささえられている。ほとんど機械を使わず，職人の手でつくられることが多い。

➡ 伝とう産業を守るために，ぎじゅつをわかい職人に伝えていくことが大切。

➡ 伝とう的な特産品としてはん売することで，まちづくりに協力している。

例：焼き物のまち丹波篠山市（兵庫県）

・丹波立杭焼という焼き物をつくるかま元がたくさんある。

・約400年前に朝鮮半島から伝わったのぼりがまで，皿や花びん，つぼなど，そぼくな焼き物をつくっている。

・それまでのかまより短時間でたくさんの焼き物がつくられるようになり，全国に広まった。

・地元や近くでとれる土を使っている。

・山にかこまれていて，ねん料になる木が手に入りやすい。

・まちにとって大切な伝とう産業である。

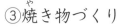

1
次の①〜③のうち，伝とう的ぎじゅつにあてはまるものには○を，あてはまらないものには×を（　）に書きましょう。
（1つ10点）

①こけしづくり　　　②ロボットによる作業　　　③焼き物づくり

（　　　　）　　　　（　　　　）　　　　（　　　　）

2 次の絵は，兵庫県丹波篠山市で焼き物をつくるのぼりがまのようすです。あと
の問題に答えましょう。 （1つ10点）

(1) 職人が昔から受けつがれたぎじゅつ
で，機械を使わずつくることを何とい
いますか。 （　　　　　　　）

(2) 丹波篠山市が焼き物のまちになった
理由について，次の文の（　）にあて
はまることばを，　　　から選んで書
きましょう。

① 近くに焼き物にてきした（　　　　　　　）があった。

② 山にかこまれていて，（　　　　　　　）が手に入りやすかった。

のぼりがま　　ねん料　　水　　土　　伝とう産業

3 次の文章を読んで，あとの問題に答えましょう。 （1つ10点）

> 地いきの自然や地元で手に入る原料などと，古くから伝わるぎじゅ
> つを生かして受けつがれてきた産業を㋐伝とう産業といいます。伝とう
> 産業でつくられたものは，その地いきの（　㋑　）として親しまれてい
> ます。

(1) ＿＿部㋐の伝とう産業で行われていることについて，次の文の（　）に
あてはまることばを，　　　から選んで書きましょう。

① 職人は機械を使わず，ほとんど（　　　　　　　）でつくっている。

② 伝とう産業を守っていくために，ぎじゅつを（　　　　　　　）に伝
えていくことに苦労している。

③ ぎじゅつは親から子へ，師匠から弟子へと受けつがれてきたものが
多く，一人前になるまで長い（　　　　　　　）が必要になる。

わかい職人　　手づくり　　修行　　伝とう的ぎじゅつ　　原料

(2) （㋑）にあてはまることばを書きましょう。 （　　　　　　　）

答え➡別冊解答15ページ

得点

100点

54 特色ある地いき③

おぼえよう　国際交流

人の結びつき

● **観光客**や**りゅう学生**などが来ている。

→日本の学校へ，勉強のために来る学生も多い。

● 外国の学校との交流…おたがいの学校をほうもんしたり，手紙のこうかんなどをしている。

● **姉妹都市**…スポーツや文化などを通じて，たがいに交流を深める約束をした都市。

ものによる結びつき

● 港や空港…外国から工業の原料が運ばれたり，外国へせい品を運んだりしている。

外国とのつながりを深くするには

● 外国のことをよく知ること。

→どこにある国か，どんな人が住んでいるのか，国旗についても調べる。

→国旗…その国をあらわす印として大切にされている旗。その国の人々の願いやいのりがこめられている。

● 外国の人と交流する機会をふやすこと。

→県内でスポーツ大会や国際会議を開くなど。

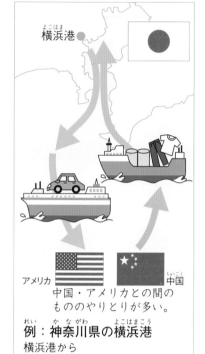

横浜港

アメリカ　　中国

中国・アメリカとの間のもののやりとりが多い。

例：神奈川県の横浜港

横浜港から
外国へ，自動車をはじめとする工業せい品を運んでいる。
横浜港へ
外国から，石油をはじめ衣類などが運ばれて来る。

1　次の問題の答えを，　　から選んで書きましょう。

（1つ10点）

(1) スポーツや文化などを通じて，たがいに交流を深める約束をした都市を何といいますか。　（　　　　　　　）

(2) 工業の原料を運びこんだり，せい品を運び出したりする船のためのしせつを何といいますか。　（　　　　　　　）

(3) その国をあらわす印として大切にされている旗を何といいますか。　（　　　　　　　）

港　　空港　　姉妹都市　　国際都市　　国旗

2 右の横浜港についての図を見て，あとの問題に答えましょう。

（1つ10点）

(1) 図のようなせい品が大量に運ばれている
ことから，横浜港は，外国とどんな産業で
の結びつきが強いと考えられますか。
　　　から選んで書きましょう。

（　　　　　　　）

農業　　水産業　　工業

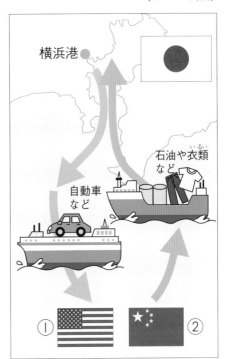

(2) 横浜港では，右の①，②の国旗の国との
もののやりとりが多くなっています。①，
②の国の名前を，　　　からそれぞれ選ん
で書きましょう。

①（　　　　　　　）②（　　　　　　　）

韓国　　中国　　アメリカ　　ロシア

3 次の文章を読んで，あとの問題に答えましょう。

（(1)1つ15点 (2)1つ10点）

わたしたちの住む市には，空港や港から，さまざまな外国人が来てい
ます。中国や韓国に近いので，これらの国々からおとずれる人が多くなっ
ています。また，韓国の釜山市や中国の広州市などと，（　※　）都市
の約束を結んでいて，産業や文化などを通して交流がさかんです。

(1) ＿＿部の空港や港について，次の①，②では，どちらがおもに利用され
ていますか。
① 観光のために飛行機で外国に出かける。……………（　　　　　　　）
② 工場で使う原料を船で大量に運ぶ。………………（　　　　　　　）

(2) （※）にあてはまることばを，　　　から選んで書きましょう。

（　　　　　　　）

国際　　商業　　姉妹

55 特色ある地いき④

おぼえよう　自然かんきょうを守り，生かしている地いき

ゆたかな自然にめぐまれた地いき

● 自然を生かした観光業や農業，漁業などがさかん。

人々の活動

● 自然がこわされる問題に対して，自然かんきょうを守るために，開発をやめたり，
→人口や工場がふえることでの開発，観光のための開発，人口の減りすぎなどで進む。
たくさんの人がはいりすぎないようにしたり，さまざまな活動をしている。

● 自然を守る活動➡自然を大切にする心が育ち，地いきが活気づく。➡自然と結びつ
いた地いき産業が発てんする。

例：さんごしょうの海を生かす沖縄県

■観光業に生かすさんごしょうの海

・沖縄県への観光客は，年間に950万人を
→冬でもあたたかい気候，南国の特色ある自然や伝とう文化が人気。
こえている。

・さんごしょうの海にひかれて沖縄に来る
→沖縄県のまわりの海に広がっている。
観光客も多い。この海でダイビングなど
を楽しむ人がふえている。

■きずつくさんごしょうの海

・土地の開発が進み，さんごがきずついた
り，海がよごれたりする問題が起きて
いる。

■さんごや，さんごしょうの海を守る活動

・地いきの人がボランティアで観光ガイド
になり，さんごしょうの海について理か
いしてもらいながら，利用のルールを観
光客に知らせている。

・国や県，市町村はさんごしょうの研究や
ほごの仕事をしている。

・さんごしょうの海の体験学習で，地いき
の子どもたちも自然を大切にすることを
学んでいる。

---

1 次の①～③のうち，沖縄県をおとずれる観光客が感じている沖縄のよさにあては
まるものには○を，あてはまらないものには×を（　）に書きましょう。（1つ10点）

①大きぼな工業　　②年じゅうすずしい気候　　③美しい自然

（　　　　）　　（　　　　）　　（　　　　）

2 次の①～③は，沖縄の海で起こっているできごとです。これらによって引き起こされている問題を下の㋐～㋒から選んで，（　）に記号で書きましょう。（1つ10点）

①開発によって，赤土やよごれた水が海に流れこんでいる。

（　　　）

②さんごをえさにするヒトデが大量に発生している。

（　　　）

③シュノーケルをつけてさんごしょうの海にもぐる観光客がふえている。

（　　　）

㋐　知らず知らずさんごをきずつけたり折ったりすることがある。

㋑　海のよごれでさんごが生息できなくなっている。

㋒　さんごが食いつくされてしまうことがある。

3 次の文章は，沖縄の海べでくらしている人の話です。これを読んで，あとの問題に答えましょう。

（1つ20点）

> 　沖縄の自然，なかでもさんごしょうの海は，観光客にたいへん人気があります。わたしたちは観光業をいっそうさかんにしたいと考えていますが，さまざまな原いんでさんごしょうの海がこわされています。
> 　地いきの人たちは，ヒトデの害をふせいだり，観光客にさんごしょうのことをよく知ってもらったりするなど，（　　　　　　　　　）活動をしています。国や県・市町村も地いきの人々の活動をおうえんし，海をはじめ沖縄の自然を守る取り組みを行っています。

(1)　上の文章から考えて，地いきを活気づけている産業は何だと考えられますか。　　　から選んで書きましょう。　　　（　　　　　　　　）

観光業　　農業　　水産業　　工業

(2)　地いきの発てんのために，人々が力を入れている活動をあらわすことばを，　　　から選んで文中の（　）に書きましょう。

観光客をへらす　　さんごをへらす　　さんごを守る

56 特色ある地いき⑤

おぼえよう　伝とう文化を守り，生かしている地いき

伝とう文化が伝えられている地いき

- 伝とう文化を生かした観光業や伝とう産業などがさかん。
  └➡歴史的建物やまちなみ，古くからの祭りや行事，伝とう産業など。

人々の活動

- 伝とう文化を失わないよう，まちづくりのルールを決めたり，伝とう的な行事を伝え続けたりするなど，地いきのよさを守るためにさまざまな活動をしている。

- 伝とう文化を守る活動➡活気が生まれ，地いきの発てんにつながる。

例：古都のよさをもつ京都のまちづくり

- **日本の古都，京都のよさ**

  歴史的建物やまちなみ／有名な寺・神社や史せき／伝とう的工芸品／山や川がつくる美しい景色

- **こわされる古都の伝とう**

- ビルやマンションが次々に建っている。

  ➡京都らしさをつくっている古くからのまちなみがこわされている。

- 古都にふさわしくないデザインの建物や屋外の広こく物，ながめをさまたげる高い建物がふえている。

  ➡古都の美しさが失われている。

●伝とうをまちづくりに生かす活動

- 伝とう的なまちなみを守る。➡古い町家（写真）の内部を，住んでいる人が生活しやすいように直すなどの活動を行う。
  └伝とう的なつくりの住たくをかねた店をいう。←

- 屋外の広こく物や，建物の高さなどを古都にふさわしいものにする。

  ➡京都市がまちづくりの決まりを定める。

---

1 次の①，②の，京都のよさをしょうかいした文にそえるのにふさわしい写真を⑦・⑦から選び，記号で答えましょう。　　（1つ20点）

① 有名な寺や神社が見られる。　（　　　）

② すぐれた伝とう的工芸品が見られる。

　（　　　）

2 古いまちなみが残る地いきのようすをあらわした，下の絵についての会話文を読んで，（　）にあてはまることばを，　　　　　　から選んで書きましょう。（1つ12点）

しおり：右の家はこの町の①（　　　　　　　　　　　　）なつくりの家だって。

り　く：左の建物はそれをこわして建てられた②（　　　　　　　　　　）だよ。

しおり：今は，高いビルが次々に建てられて，③（　　　　　　　　　）にまとまりがない気がするね。

り　く：ビルばかりがふえたら，伝とう的なまちなみのよさがなくなってしまうんじゃないかと心配だよ。

マンション　　伝とう的　　まちなみ

3 次の文章を読んで，あとの問題に答えましょう。

（1つ12点）

　京都では地いきの開発が進んで，古くからのまちなみを残すことがたいへんむずかしくなっています。まちが変わっていくのは，①生活をよりよくしたい，今の時代にあった生活をしたいという人々の強い願いがあるからです。一方，多くの人には歴史ある②古都のようすが失われないようにしたい，そのためのくふうをしていきたいという願いがあります。

　そこで，まちの人々と市は協力し合って，開発と古都のよさを守ることとのつり合いのとれたまちづくりのために，あさまざまな取り組みを進めています。

(1) 上の文章中の＿＿＿部①，②から，古くからのまちなみを残すことがむずかしい理由にあたるほうを選び，その番号を書きましょう。（　　　　）

(2) ＿＿＿部あについて，次の㋐，㋑のどちらの取り組みがなされていると考えられますか。㋐，㋑のどちらかを選び，（　）に○を書きましょう。

　㋐　決められた地いきで，建物の高さや外見にせいげんを加える。（　　　）

　㋑　発てんをさまたげる伝とう的なつくりの家を，できるだけ早く取りこわす。

（　　　）

答え➡別冊解答16ページ

得点

100点

57 単元のまとめ

1 次の文章は，それぞれの地いきでどんな特色があるかを説明したものです。文章を読んであとの問題に答えましょう。（1つ10点）

> ① わたしの町では，外国人の人口がふえています。
> ② わたしの町では，古いまちなみがあります。
> ③ わたしの町は，古くからつくっているものがあります。
> ④ わたしの町は，豊かな自然があります。

(1) ①のような町では，海外の都市と都市単位で交流することがあります。このことを何というか書きましょう。（　　　　　　交流）

(2) 次の文章は，②のような町で守られていることです。（　）にあてはまることばを，　　　から選んで書きましょう。

> あ（　　　　　　　　　）なまちなみを守るために，建物の高さやデザインなどについて，まちづくりのい（　　　　　　　　　）を決めている。

　現代的　　伝とう的　　ルール　　楽しさ

(3) ③のような伝とう的な産業を守るための活動の説明として正しいものを選び，記号で答えましょう。（　　　）

　㋐ たくさんつくるために，どんどん機械を使う。

　㋑ だれにも知られないように，こっそりつくる。

　㋒ ぎじゅつをわかい人にもしっかり伝える。

(4) ④のような豊かな自然がある地いきの1つに，沖縄県があります。沖縄県には豊かな自然を見るために多くの観光客が訪れています。自然を守る沖縄県の活動の説明として正しいものを選び，記号で答えましょう。（　　　）

　㋐ 多くの観光客のために，どんどんホテルを建てていく。

　㋑ 一年中すずしい気候を利用したスキー場で，自然の大切さを教えるボランティア活動がさかんである。

　㋒ さんごしょうの海で体験学習を開き，子どもたちにも自然の大切さを教えている。

2 次の文章は，国際交流がさかんな地いきの説明です。これを読んで，あとの問題に答えましょう。

(1つ10点)

わたしたちの町には，大きな港と空港があります。これを使って，（ ※ ）や飛行機で運ばれた外国の荷物が多くとどきます。また，古くからの外国との交流で，外国のまちなみににた場所があります。これからも外国の人々との交流を大切にしていきたいです。

(1) （ ※ ）にあてはまることばを，　　　　から選んで書きましょう。

（　　　　　　　）

車　　トラック　　船　　鉄道

(2) 下の説明は，外国の人々との交流を大切にするためのくふうです。（ ）にあてはまることばを，　　　　から選んで書きましょう。

人々の国の願いをあらわす印である①（　　　　　）をよく知るなど，理解をふかめるとともに，②（　　　　　）や国際会議を開いて交流する機会をふやす。

エコマーク　　国旗　　スポーツ大会　　姉妹都市

3 次の表は，伝とう文化を生かしている地いきと，自然を生かしている地いきをまとめたものです。あとの問題に答えましょう。

(1つ10点)

	伝とう文化を生かしている地いき	自然を生かしている地いき
よさ	有名な寺や神社が見られる。すぐれた①（ ）が見られる。	美しい自然が見られる。おいしい食べ物が手に入る。
くふう	古いまちなみのようすが失われないように，開発とよさを守ることのつり合いをとっている。	②自然がきずつかないように，人々にルールを教えている。

(1) ①にあてはまることばを，　　　　から選んで書きましょう。

（　　　　　　　）

近代アート　　伝とう的工芸品　　現代美じゅつ品

(2) ＿＿部②の例として正しいものを選び，記号で答えましょう。（　　）

㋐　海にもぐるときに，さんごをきずつけることがあることを伝える。

㋑　建物を建てるときは，まわりの景色をこわさないようにする。

㋒　わかい職人を育てるために，ぎじゅつをしっかり伝える。

得点

100点

58 **4年生のまとめ①**

1 次の図の①～⑩の県名と，県庁がある市の名前を書きましょう。

（1つ2点）

県名　　　　　都市名

① （　　　　　）（　　　　　）
② （　　　　　）（　　　　　）
③ （　　　　　）（　　　　　）
④ （　　　　　）（　　　　　）
⑤ （　　　　　）（　　　　　）
⑥ （　　　　　）（　　　　　）
⑦ （　　　　　）（　　　　　）
⑧ （　　　　　）（　　　　　）
⑨ （　　　　　）（　　　　　）
⑩ （　　　　　）（　　　　　）

2 右の地図を見て，あとの問題に答えましょう。

（1つ5点）

(1) 首都東京のある地方を何といいますか。　　　（　　　　　）

(2) 面積がもっとも大きい都道府県はどこですか。　　　（　　　　　）

(3) 次の文にあてはまる都道府県名を，　から選んで書きましょう。

① 県庁所在地は名古屋です。

（　　　　　）

② 東北地方のりんごの産地としても有名な県です。　（　　　　　）

北海道地方——

中部地方　　　——東北地方

中国・四国地方

　　　　　　　　　　　——関東地方

　　　近畿地方

九州地方——

福岡県　　大阪府　　愛知県　　長野県　　青森県

③ 次の絵や表を見て，あとの問題に答えましょう。

（1つ4点）

(1) 次の①～④のごみの種類を， から選んでそれぞれ書きましょう。

①ソファー

(　　　　　　　　)

②ペットボトル

(　　　　　　　　)

③生ごみ

(　　　　　　　　)

④茶わん

(　　　　　　　　)

ごみの出し方	
ごみの種類	しゅう集日
もえるごみ	火・木
もえないごみ	水・金
しげんになるごみ	月
大型のごみ	市役所まで，れんらくしてください。

もえるごみ　　もえないごみ　　しげんになるごみ　　大型のごみ

(2) 上の表のごみの出し方にしたがって，上の①～④のごみを出します。次の曜日に出すごみを，それぞれ選んで，名前を書きましょう。

月曜日 (　　　　　　　　　　　)

火曜日 (　　　　　　　　　　　)

(3) 次の㋐～㋓のようにしょ理されるごみを，上の①～④から選んで，名前を書きましょう。

㋐ リサイクルしせつで原料にされ，新しいせい品になる。

(　　　　　　　　　　　)

㋑ 市役所にれんらくして，ひきとってもらう。

(　　　　　　　　　　　)

㋒ ごみの焼きゃくしせつに運ばれ，もやされる。

(　　　　　　　　　　　)

㋓ うめ立てしょ分場に運ばれる。

(　　　　　　　　　　　)

得点

100点

59 4年生のまとめ②

 1 次の問題に答えましょう。

（1つ6点）

(1) 右の図中の①の森林は，ふっ
た雨の水をたくわえ，少しずつ
流すはたらきをします。このよ
うな森林のことを何といいま
すか。　（　　　　）

(2) 右の図中の②，③のしせつ
を，それぞれ何といいますか。
②（　　　　　　　　）③（　　　　　　　　）

2 次の文章を読んで，あとの問題に答えましょう。

（1つ6点）

> 都市ガスのもとは，（ ① ）です。そのほとんどを，日本は外国から買っ
> ています。日本が最も多く買っている国は（ ② ）です。①は，もやし
> ても石油や石炭にくらべて，（ ③ ）の発生量が少なく，クリーンなエ
> ネルギーと考えられています。

(1) ①にあてはまることばを書きま
しょう。　（　　　　　）

(2) ②にあてはまる国名を，右のグラ
フから読み取って書きましょう。
（　　　　　）

(3) ③にあてはまることばを，
　から選んで書きましょう。
（　　　　　）

▼日本が（ ① ）を買っている国

その他

合計
8,285
万トン

インドネシア― 513

ロシア― 667

カタール― 992

1127

マレーシア

オーストラリア

2870
万トン

(2019/20年版「日本国勢図会」)

二酸化炭素　　じょう気